LAS 5 ¿?¿

¿QUIÉN? ¿QUÉ? ¿DÓNDE? ¿CUÁNDO? ¿POR QUÉ?

de nuestra fe católica
Y CÓMO ENTENDERLA

PARTICIPANTE

LAS 5 ¿?¿

¿QUIÉN? ¿QUÉ? ¿DÓNDE? ¿CUÁNDO? ¿POR QUÉ?

de nuestra fe católica
Y CÓMO ENTENDERLA

Editado por Mary Carol Kendzia

LIBROS LIGUORI

One Liguori Drive ▼ Liguori, MO 63057-9999

Imprimi Potest: Harry Grile, CSsR
Provincial de la Provincia de Denver
Los Redentoristas

Imprimátur: Conforme al C. 827, Mons. Robert J. Hermann, Obispo Emérito de la Arquidiócesis de St. Louis, Missouri, concedió el Imprimátur para la publicación de este libro el 14 de enero, 2011. El Imprimátur es un permiso para la publicación que indica que la obra no contiene contradicciones con las enseñanzas de la Iglesia Católica, sin embargo no implica aprobación de las opiniones que se expresan en la obra. Con este permiso no se asume ninguna responsabilidad.

Library of Congress Cataloging-in-Publication Data

5 W's of our Catholic faith. Spanish.
  Las 5 preguntas de nuestra fe católica: ¿quién, qué, dónde, cuándo, por qué?—y cómo entenderla / editado por Mary Carol Kendzia.
     p. cm.
  ISBN 978-0-7648-1992-6
  1. Catholic Church—Doctrines. 2. Christian life—Catholic authors. I. Kendzia, Mary Carol. II. Title. III. Title: Cinco preguntas de nuestra fe Católica.
  BX1754.A1318 2010
  230'.2—dc22
                        2010054166

Publicado por Libros Liguori
Liguori, MO 63057
Para hacer pedidos llame al 800-325-9521
www.librosliguori.org

Copyright © 2011 Libros Liguori
ISBN 978-0-7648-1992-6

Las citas bíblicas son de La Biblia Latinoamérica: Edición Pastoral (Madrid: San Pablo, 2005). Usado con permiso.

Libros Liguori, una corporación sin fines de lucro, es un apostolado de los Redentoristas.

Impreso en los Estados Unidos de América
15 14 13 12 11   5 4 3 2 1

Índice

Introducción

¿Quiénes son ustedes y qué desean saber de la Iglesia católica?

- ¿Son ustedes católicos que fueron bautizados siendo aún niños, y ahora, en sus cuarentas, cincuentas o sesentas están pensando: cuál es mi lugar en la Iglesia católica; por qué tantas cosas en la Iglesia son ahora diferentes de lo que yo conocí durante mis años de adolescencia y juventud; cómo puedo seguir creciendo en mi fe y en mi espiritualidad?

- O ¿son ustedes jóvenes que están desarrollando sus carreras profesionales o comenzando sus propias familias; que esperan encontrar un sentido renovado del lugar que ocupan en la Iglesia lo cual los guiará y les dará un sentido de compañerismo para esta etapa de su vida?

- Quizá son personas no católicas que tienen curiosidad por la fe católica. ¿Están considerando ser parte de la Iglesia?

- Tal vez son adolescentes en medio de una emocionante y desafiante preparación para recibir el sacramento de la Confirmación. Tal vez, estudiantes universitarios que buscan una conexión más profunda con los puntos básicos de su fe.

- Quizá ya son personas mayores que intentan ver la Iglesia con ojos nuevos, compartiendo cuestionamientos, conocimientos y experiencias con otros católicos.

No importa quiénes sean o el lugar en que se encuentren en su viaje de la fe. Este libro tiene mucho que ofrecerles. Compuesto de resúmenes breves y sencillos, el libro trata los puntos básicos de la fe católica—la Iglesia, su itinerario en la fe, las Sagradas Escrituras, Jesucristo, los sacramentos, la vida cristiana y la oración—presentando los puntos claves y los puntos culminantes en cada uno de estos temas.

Descubrirán a quién se debe el crecimiento de la Iglesia desde las comunidades cristianas antiguas hasta hoy. ¿Qué es lo que hace a la Iglesia católica diferente a las demás confesiones cristianas? ¿Cuáles fueron los momentos claves en la historia de la Iglesia? ¿En qué lugar creció como comunidad?

¿Por qué el domingo es el día que nos reunimos para la santa misa? ¿Cómo se entienden, en la Iglesia moderna, las prácticas tradicionales como el rezo del rosario y la adoración al Santísimo?

Quizá la pregunta más importante en este libro es el "cómo". ¿Cómo me integro con el pueblo de Dios? ¿Cómo corresponde con mi vida el mandato del Señor: "Vayan y hagan que todos los pueblos sean mis discípulos (Mt 28:19)?" ¿Cómo leo y entiendo las Escrituras de manera que enriquezcan mi fe? ¿Cómo hacer que mis decisiones de cada día sean un reflejo de mi fe católica? ¿Cómo practicar la oración contemplativa?

Cada una de las diez sesiones llevará a los participantes a un conocimiento y comprensión más profunda de su fe católica. El método utilizado en las sesiones toca los temas y puntos más importantes, pero de una manera sencilla y atractiva. Las sesiones también incluyen unas preguntas para la reflexión y la discusión.

Lo ideal es utilizar este recurso en grupo, ya sea en la parroquia, en un centro de retiros, en una casa, en una comunidad de base u otra comunidad cristiana pequeña. Este ambiente provee un foro adecuado para la interacción entre los participantes y permite intercambiar preguntas, conocimientos y experiencias entre ellos.

Cualquier persona puede utilizar el libro. En ese caso, sería útil tener un diario con sus reflexiones y sus respuestas a las preguntas al final de cada sesión. Si la persona así lo desea, puede compartir también sus reflexiones con un sacerdote, un amigo o un director espiritual.

Lo importante no es quién o cómo usa este libro para profundizar más en su fe católica. Lo importante es que cada persona se lleve consigo la sabiduría de muchos compañeros de viaje que tienen años de experiencia y de conocimientos. La fe católica es una joya preciosa. Lo importante es que ilumine su corazón, su mente y su alma mientras descubre la riqueza que esta fe ofrece.

Somos la Iglesia

¿QUIÉN? ¿Quién conforma la Iglesia?

¿QUÉ? ¿Qué significaba la religión para los primeros cristianos?

¿DÓNDE? ¿Dónde tuvo su origen la ética y la moralidad del cristianismo?

¿CUÁNDO? ¿Cuándo se separó la Iglesia de oriente de la Iglesia de occidente?

¿POR QUÉ? ¿Por qué continúa siendo la Iglesia una señal de la presencia de Cristo en el mundo?

Canto de entrada: La sesión comienza con un canto litúrgico conocido.

Oración inicial: Dios Creador, nos has llamado a esta comunidad conocida como la Iglesia católica. Bendice nuestro trabajo durante la sesión de hoy, para que entendamos mejor quiénes somos y de dónde venimos como miembros de la Iglesia. Abre nuestra mente y nuestro corazón a tu palabra y a las palabras de los que nos hemos reunido hoy. Inspíranos con tu espíritu y guíanos en el camino de Jesucristo, nuestro Señor. Amén.

Lectura: Hechos 2:42–47

A continuación se tiene una reflexión en silencio durante algunos minutos.

Fundada por Cristo

La palabra Iglesia tiene varios significados. Para los católicos, la Iglesia es más que un edificio, un grupo de personas o una liturgia. La verdad sobre la Iglesia se expresa al inicio de la Misa: "La gracia de nuestro Señor Jesucristo, el amor del Padre y la comunión del Espíritu Santo estén con todos ustedes".

El Concilio Vaticano Segundo señala que la Iglesia brilla como "un pueblo reunido en virtud de la unidad del Padre y del Hijo y del Espíritu Santo" (Lumen Gentium #4). La Iglesia es la comunidad de todos aquellos que han sido atraídos a la vida de Dios. La Iglesia es la presencia continua de Cristo que lleva a las personas a la visión de Dios. La Iglesia es un pueblo con un "alma", que es el Espíritu Santo que vive en sus corazones.

Hemos sido hechos a imagen y semejanza de Dios. Dado que Dios es una "comunidad" (Padre, Hijo y Espíritu Santo), nosotros también necesitamos una comunidad.

La Iglesia está formada por seres humanos imperfectos, por lo mismo es de esperarse que la Iglesia no sea perfecta. Jesús era conciente de que sus representantes iban a fallar. Pedro lo negó tres veces, pero Jesús, después de su resurrección, le encomendó tres veces la tarea de cuidar a sus ovejas (Juan 21:15–18). Los apóstoles abandonaron a Jesús cuando fue arrestado y a pesar de todo, Él se les apareció después de su resurrección y los mandó a predicar el evangelio a todas las naciones (Mateo 28:16–20).

La primera Iglesia enfrentó todos los problemas que enfrentan las iglesias de hoy en día. Había personas mentirosas e hipócritas (Hechos 5:1–11). Había quejas de injusticias (Hechos 6:1). Había personas que utilizaban la religión para beneficio personal (Hechos 8:9–24). Había desacuerdo acerca de la doctrina (Hechos 15). Había conflictos entre los líderes de la Iglesia (Hechos

15:36–41). Se daban sermones sin impacto alguno en las personas que escuchaban al predicador (Hechos 17:22–34) y sermones tan largos, que la gente se dormía (Hechos 20:7–12). Había preguntas sobre los salarios de los pastores, desorden en el culto, escándalos y descuido de los pobres (1 Corintios 5—11). Problemas que comienzan cuando las personas que intentan seguir a Jesús no alcanzan la meta por la debilidad humana y el pecado.

Por supuesto, también había héroes (Hechos 7), santidad (Hechos 2:42–47) y generosidad (Hechos 4:32–37) en la comunidad.

Si contaban con leyes y líderes, era porque ninguna sociedad puede existir sin ellos (Hechos 6:1–7). Si había rituales, era porque éstos eran la fiel repuesta a la voluntad de Cristo (1 Corintios 11:23–26). Había épocas en que los seguidores de Cristo fallaban, pero también épocas en que eran heroicos en su vivencia del Evangelio (Hechos 4:1–22).

Jesús vino para atraernos al "amor de comunión" de la Trinidad. Él vivió, murió y resucitó para unir a todas las personas en una familia (Juan 10:16–18). En la Última Cena, nos pidió que nos amáramos unos a otros como Él nos había amado (Juan 5:12). Rezó a fin de que fuéramos uno, como Él y el Padre son uno (Juan 17:20–21). Formó una comunidad de creyentes bajo la señal de su continua presencia aquí en la tierra. Él dijo: "Pues donde están dos o tres reunidos en mi Nombre, allí estoy yo, en medio de ellos" (Mateo 18:20).

> *"Ustedes…"*
> 1 CORINTIOS 12:27

¿CÓMO puedo hacerlo vida?

- *¿Cuáles son algunas de las comunidades que influyen y conforman mi vida, por ejemplo: la familia, las amistades, los compañeros de trabajo, los vecinos, la parroquia…?*

- *¿Cómo me afecta el hecho de que la Iglesia es un grupo imperfecto compuesto por personas falibles?*

Desde el principio

El día de Pentecostés, cuando el Espíritu Santo descendió sobre los apóstoles, marca la celebración del "cumpleaños de la Iglesia".

Después de que Jesús ascendió a los cielos, los discípulos se retiraron al salón de una casa a orar. Seguramente se preguntaban qué exigencias habrían de afrontar y cómo podrían cumplir la misión que Jesús les había encomendado. A pesar de sus dudas y temores, el gran poder de Dios se manifestó cuando todos se llenaron del Espíritu Santo (Hechos 2:1—4).

Dios eligió a Pablo para predicar a los que no eran judíos. Pablo comenzó su misión predicando la Buena Nueva de Cristo a los judíos, pero al ser rechazado, se dirigió a los gentiles. Experimentó gran número de dificultades, algunas por parte de los judíos que pensaban que era un traidor y otras por parte de los que se ganaban el sustento gracias a la idolatría. Sin embargo, también ganó muchos conversos para Cristo.

Cuando el cristianismo se difundió, fue recibido por diferentes culturas que lo enfocaron desde otras perspectivas.

Para la comunidad cristiana de los judíos conversos, la religión era primeramente una "manera de amar". Dios era compasivo y misericordioso, cualidades que nuestra cultura a menudo le atribuye al género femenino. De hecho, el término hebreo para "palabra"—como en Jesús, la Palabra de Dios—era femenino. La religión era primeramente una vida en el amor, y Jesús era el modelo divino de este tipo de existencia.

Para la mente griega, tan interesada en la filosofía, el cristianismo debía entenderse en términos acuñados en la metafísica. Jesús era la Sabiduría de Dios, el ser hecho carne y el comunicador de la Sabiduría divina. Esta comunidad le daba mucha importancia a los credos y a los dogmas.

Roma, con su gran tradición de derecho y justicia, legó su moralidad al cristianismo. Cristo fue el más importante entre los legisladores. Como resultado, la ética y la moralidad ocuparon un puesto central. Para estos cristianos Jesús era el hombre perfecto. A los griegos y a los romanos les resultó difícil ver a Dios en la humanidad de Jesús.

La primera Iglesia también tuvo que lidiar con discordias internas. Muchos cristianos negaron su fe para salvar la vida durante las persecuciones de los primeros siglos de la Iglesia. Una vez que la persecución disminuyó, querían regresar a la Iglesia. La discusión sobre qué hacer con ellos dividió a muchas comunidades cristianas, aunque la decisión final fue la de aceptarlos de nuevo en calidad de penitentes.

La Iglesia también se vio amenazada por herejías, incluyendo las de quienes pretendían tener un conocimiento secreto de Dios y otras que, como sucede hoy en día, creían que el fin del mundo estaba próximo.

A pesar de las persecuciones y de las discusiones sobre la doctrina, la vida de la Iglesia continuó desarrollándose. Los conversos, después de una larga instrucción, se bautizaban, casi siempre sumergiéndose en un río. La ceremonia de la fracción del pan, la Misa, unió a la comunidad cristiana en la verdadera carne y sangre de Jesús.

Los obispos, que recibieron de los apóstoles el poder para gobernar, ofrecían el sacrificio y dirigían a la Iglesia en su localidad. Si la comunidad cristiana era lo suficientemente grande como para ameritarlo, el obispo ordenaba presbíteros (sacerdotes) para ayudarlo. Los diáconos, además de dar instrucción, se encargaban de las obras de caridad de la Iglesia y distribuían la Eucaristía.

En el año 303, el emperador romano Diocleciano comenzó la que posiblemente fue la peor persecución que la Iglesia haya sufrido. Miles de cristianos en Asia Menor, África y Grecia fueron mutilados o asesinados. Esta persecución se prolongó durante el gobierno de dos de sus sucesores. En el año 312 el emperador Constantino, que se había convertido al cristianismo, venció al sucesor de Diocleciano y en el año 313 decretó el edicto de Milán que prohibía la discriminación religiosa en el imperio.

¿CÓMO puedo hacerlo vida?

- *¿Qué es lo que el cristianismo me ofrece y que no puedo encontrar en ningún otro lugar?*

- *¿Cómo son perseguidos hoy en día los católicos por sus creencias?*

La Iglesia sigue creciendo

Libres de la ansiedad constante causada por la persecución, los cristianos tuvieron oportunidad de meditar las verdades que Dios había revelado por medio de Jesucristo. Muchos grandes intelectuales como San Ambrosio, San Basilio y San Gregorio Nacianceno aumentaron el conocimiento que la Iglesia tenía de Dios.

En el siglo V el Imperio Romano comenzó a derrumbarse debido a la invasión por parte de las tribus bárbaras. Al principio, los cristianos romanos no estaban dispuestos a asociarse con los invasores. Sin embargo, con el paso del tiempo comenzaron a sentir el llamado a convertirlos y a civilizarlos. Muchas de estas misiones tuvieron como resultado "conversiones" en masa debido a que el pueblo seguía al regente en su conversión.

Se fundaron monasterios y parroquias para instruir mejor a los nuevos conversos. La vida austera y los conocimientos de los monjes ayudaron a formar a los fieles. Mientras tanto las parroquias hacían del cristianismo el centro de la vida comunitaria. La Iglesia dispensaba la mayor parte de los servicios sociales. En el campo los monasterios eran el centro de la civilización.

En el año 800, Carlomagno fue coronado emperador del Sacro Imperio Romano. Carlomagno promovió el cristianismo, sin embargo esto significó la renovación de los problemas que se generan cuando la iglesia y el estado se encuentran bajo la misma autoridad. Los nobles nombraban a los obispos, a menudo motivados más por sus intereses que por los del Evangelio. Los terratenientes nombraban a los sacerdotes, quienes carecían de suficiente formación. Los que pertenecían a las órdenes religiosas se inclinaban más por las posesiones materiales y por los vicios que por el evangelio.

Durante el siglo XI y principios del siglo XII, san Bernardo y otros frailes emprendieron la reforma de las órdenes religiosas, dando énfasis a la vida de oración. Fue también una época de desarrollo de las grandes universidades, de la arquitectura gótica y la aparición de grandes eruditos como Hildegarda de Bingen. Ella además de ser abadesa, influyó mucho en los líderes tanto del estado como de la Iglesia.

En el año 1054, las divisiones entre el Oriente y el Occidente tuvieron como resultado la separación de Roma por parte de la Iglesia de Constantinopla. En esta misma época tuvieron lugar las cruzadas. Estas campañas militares estuvieron motivadas no únicamente, ni siquiera en mayor medida por la religión, sino más bien por el aburrimiento, la avaricia y el deseo por el poder.

Los momentos culminantes del siglo XIII giran alrededor de las figuras de grandes santos como San Francisco de Asís, Santa Clara, Santo Domingo y Santo Tomás Aquino. Francisco y Domingo cambiaron la manera de predicar en la Iglesia. Los monasterios habían preservado las enseñanzas de la Iglesia, pero muchos perdieron el contacto con las personas que podrían beneficiarse de sus conocimientos. Estos dos santos convivieron con los fieles para poderles predicar y vivieron una vida de pobreza entre ellos.

El siglo XV conllevó confusión en la Iglesia cuando los Papas se mudaron de Roma a Aviñón en Francia y cuando tres de ellos afirmaron a la vez que eran el Papa legítimo. En el siglo XV aumentó la corrupción entre muchos líderes de la Iglesia y la interferencia de las autoridades seculares. Muchos católicos santos, incluso Santa Catalina de Siena, exigieron una reforma.

En el año 1517, Martín Lutero, un monje católico, pidió que terminaran los abusos en la Iglesia. Lutero deseaba una reforma en la Iglesia, no una separación. Sin embargo, debido a una comunicación inadecuada, a la intransigencia de ambas partes y a la interferencia de las autoridades seculares, Lutero adoptó una posición "protestante". La ruptura causó mayor división y desde entonces el cristianismo se ha visto dividida en cientos de iglesias.

El centro de atención de los siglos XVII y XVIII fue la acción social y la espiritualidad cotidiana. San Francisco de Sales escribió libros que exhortaban a los laicos a vivir la santidad. Su buena amiga, Santa Juana de Chantal, lo conoció siendo una viuda a cargo de la educación de tres hijos, del patrimonio de la familia y del cuidado de su suegro paralítico.

En esta época surgió una nueva herejía: el jansenismo. Esta filosofía sostenía que Jesús había muerto sólo por unos pocos elegidos. Provocó el temor de recibir los sacramentos o de estar muy cercanos a Dios. La influencia del espíritu del jansenismo continuó incluso después de ser condenado por la Iglesia. Una de las personas que luchó contra esta herejía fue San Alfonso María de Ligorio. Escribió libros para los fieles y para los teólogos con el fin de revivir el amor de Dios, congelado por el pesimismo jansenista.

¿CÓMO puedo hacerlo vida?

- *¿Qué futuro le espera a la Iglesia católica? Esto depende de nosotros. Escribamos la siguiente fase de la historia de la Iglesia.*

Una comunidad de fe

El Concilio Vaticano Segundo, un encuentro en Roma de todos los obispos del mundo en la década de los años 60, reafirmó las creencias católicas para el mundo moderno. Instituyó muchos cambios en el culto y en la estructura de la Iglesia. Animó a los fieles católicos a renovar su esfuerzo por seguir a Cristo. Llamó a los laicos a participar más plenamente en la vida y en la misión de la Iglesia. "A los laicos corresponde, por propia vocación, tratar de obtener el reino de Dios gestionando los asuntos temporales y ordenándolos según Dios" (Constitución sobre La Iglesia, #31).

El papel de los laicos es evidente no sólo en el trabajo y en el hogar, sino también en la Iglesia. Los ministerios, que antes eran competencia exclusiva de los sacerdotes, ahora se le asignan al pueblo de Dios.

Los cristianos continuaron entregándose generosamente para lograr la paz y poner fin al sufrimiento. Dorothy Day, co-fundadora del movimiento del Obrero Católico (Catholic Worker) y la Madre Teresa de Calcuta, fundadora de la Orden de las Misioneras de la Caridad, trabajaron heroicamente para hacer realidad el amor de Dios por los pobres. Dom Hélder Camara, Arzobispo de Recife y Olinda en Brasil, ganó el Premio Nobel de la Paz por su compromiso con los pobres.

El arzobispo Óscar Romero fue asesinado mientras celebraba la Misa en la catedral en San Salvador. Él ha sido considerado un defensor de los pobres en América Latina. Antes de morir levantó la voz en defensa de los pobres, criticando a los ricos y poderosos por sus políticas que marginaban a los indigentes.

Hoy en día la Iglesia enfrenta muchos desafíos: el materialismo, el ateísmo, los efectos de las nuevas tecnologías, la inestabilidad política internacional, la escasez de vocaciones al sacerdocio y a la vida religiosa, entre otros muchos. Todos sus miembros son humanos, tan falibles como los primeros apóstoles. Sin embargo, la Iglesia sigue siendo el cuerpo de Cristo y podemos confiar en que el Espíritu de Jesús continuará guiándola y fortaleciéndola como lo ha hecho desde el principio.

San Pablo escribe: "Así también nosotros formamos un solo cuerpo en Cristo. Dependemos unos de otros y tenemos carismas diferentes según el don que hemos recibido. Si eres profeta, transmite el conocimiento que se te da" (Romanos 12:5–6). Los padres que están criando a sus hijos, los estudiantes que asisten a clases, los adultos que cumplen con sus trabajos, los sacerdotes que ejercen su ministerio, los ancianos que habitan en los hogares para personas de la tercera edad... todos formamos el cuerpo de Cristo.

A través de su historia, la Iglesia ha sido el camino por el cual millones de personas de todas clases sociales, razas y culturas han llegado a conocer a Jesucristo y su mensaje que da vida. En ocasiones algunos miembros de la Iglesia no han sido fieles al Espíritu de Dios. Pero el Espíritu siempre ha sido fiel a la Iglesia. Por eso es que la Iglesia continúa siendo la señal de la presencia de Cristo en el mundo y proclamando su mensaje de amor, de perdón, de dignidad, de alegría, de esperanza y de paz.

> *"Así también nosotros formamos un solo cuerpo en Cristo."*
> ROMANOS 12:5

¿CÓMO puedo hacerlo vida?

- *¿Quién es un buen modelo para mi vida espiritual?*
- *Como miembros del cuerpo místico de Cristo, ¿qué "parte" somos cada uno de nosotros? ¿Por qué?*
- *¿Cómo puedo hacer a Cristo presente en el mundo por mi vida diaria?*

Concluya la sesión con el rezo del Credo de los Apóstoles:

Creo en Dios, Padre todopoderoso,
Creador del cielo y de la tierra.
Y en Jesucristo, su único Hijo,
nuestro Señor; que fue concebido por obra y gracia
del Espíritu Santo.
Nació de Santa María Virgen;
padeció, bajo el poder de Poncio Pilato.
Fue crucificado, muerto y sepultado.
Descendió a los infiernos.
Al tercer día resucitó de entre los muertos,
subió a los cielos y está sentado
a la derecha del Padre;
desde allí ha de venir a juzgar a vivos
y muertos y su Reino no tendrá fin.
Creo en el Espíritu Santo,
en la Santa Iglesia católica,
la comunión de los santos,
el perdón de los pecados,
la resurrección de la carne y la vida eterna. Amén

MATERIAL COMPLEMENTARIO]

Los Redentoristas. *Manual para el católico de hoy.* Libros Liguori.

Majan, Daniel J. *Servir un modo de vida.* Libros Liguori.

Marins, José. *Construyendo el reino de Dios.* Libros Liguori.

Oración final: Dios bondadoso, te damos gracias por el don de tu Iglesia. Ayúdanos a vernos como miembros valiosos del cuerpo de Cristo, cada cual con los dones y talentos que aportamos a la comunidad de fe. Abre nuestros ojos a la belleza de tu obra en todas las personas y en todos los lugares, y danos la gracia de crecer en la fe y el amor. Amén.

¿Qué nos hace católicos?

¿QUIÉN? ¿Quién es quién en la Iglesia?

¿QUÉ? ¿Qué es lo que los católicos creen acerca de su fe y de la Iglesia?

¿ADÓNDE? ¿Adónde se dirigen los católicos para encontrar a Dios?

¿CUÁNDO? ¿Cuándo comienza el año litúrgico y de qué períodos se compone?

¿POR QUÉ? ¿Por qué veneran los católicos el crucifijo y el sagrario?

Canto de entrada: La sesión comienza con un canto litúrgico conocido.

Oración inicial: Dios Creador, nos has llamado a esta comunidad conocida como la Iglesia católica. Bendice nuestro trabajo durante la sesión de hoy, para que entendamos mejor quiénes somos y de dónde venimos como miembros de la Iglesia. Abre nuestra mente y nuestro corazón a tu palabra y a las palabras de los que nos hemos reunido hoy. Inspíranos con tu espíritu y guíanos en el camino de Jesucristo, nuestro Señor. Amén.

Lectura: Juan 15:12–17

A continuación se tiene una reflexión en silencio durante algunos minutos.

¿En qué creen los católicos?

En los primeros siglos de la Iglesia, los cristianos se preguntaban "cómo actuaba Dios". Hubo preguntas que no fueron respondidas en el recuento de las enseñanzas de Jesús del Nuevo Testamento. Las personas buscaban respuestas a preguntas como estas: ¿cómo puede un Dios ser Padre, Hijo y Espíritu Santo? ¿cómo puede Jesús ser Dios y hombre al mismo tiempo?

Se suscitaron muchos debates teológicos y varias guerras religiosas, a raíz de las preguntas acerca de la naturaleza de Dios. En el año 325, los obispos del Concilio celebrado en la ciudad de Nicea adoptaron el así llamado "Credo de Nicea" como la expresión verdadera y ortodoxa de la fe de la Iglesia universal.

Los católicos profesamos nuestra fe todos los domingos rezando juntos el Credo niceno.

Creo en un solo Dios, Padre todopoderoso,
Creador del cielo y de la tierra,
de todo lo visible y lo invisible.
Creo en un solo Señor, Jesucristo,
Hijo único de Dios,
nacido del Padre antes de todos los siglos:
Dios de Dios, Luz de Luz,
Dios verdadero de Dios verdadero,
engendrado, no creado,
de la misma naturaleza del Padre,
por quien todo fue hecho; que por nosotros,
los hombres, y por nuestra salvación bajó del cielo,
y por obra del Espíritu Santo se encarnó de María,
la Virgen, y se hizo hombre;
y por nuestra causa fue crucificado en tiempos de
Poncio Pilato: padeció y fue sepultado,
y resucitó al tercer día, según las Escrituras,
y subió al cielo, y está sentado a la derecha del Padre;
y de nuevo vendrá con gloria para juzgar a vivos y
muertos, y su Reino no tendrá fin.
Creo en el Espíritu Santo,
Señor y dador de vida, que procede del Padre y del
Hijo, que con el Padre y el Hijo recibe una misma
adoración y gloria, y que habló por los profetas.
Creo en la Iglesia, que es una, santa,
católica y apostólica.
Confieso que hay un solo bautismo
para el perdón de los pecados.
Espero la resurrección de los muertos
y la vida del mundo futuro. Amén.

Se lee nuevamente la oración en silencio.

¿CÓMO puedo hacerlo vida?

- *¿Qué parte de esta oración me interpela con mayor claridad y por qué?*

El año litúrgico

Para mejorar en algo, practicamos. Lo mismo sucede con ser católico. Las prácticas, los rituales y las tradiciones que forman parte de nuestra fe, refuerzan nuestro crecimiento espiritual y nos ayudan a hacernos más conscientes de la presencia del espíritu de Dios en nosotros.

Los católicos cuentan con muchas tradiciones que ayudan a transformar los días ordinarios en días especiales y los días especiales en celebraciones del amor de Dios. Algunas de estas prácticas se relacionan con la liturgia y con el ciclo litúrgico.

La palabra *"liturgia"* engloba la celebración de todos los sacramentos y el programa de salmos y oraciones de la Iglesia llamado "la Liturgia de las horas". En general, la liturgia es la combinación de la actividad del pueblo de Dios, la Iglesia, y la actividad del Salvador del pueblo de Dios, Jesucristo.

El *"año litúrgico"* es la manera en que la Iglesia celebra y conmemora los eventos de nuestra salvación. Cada año sigue un patrón y las oraciones y lecturas de la Misa están organizadas para ajustarse al mismo.

El año litúrgico comienza con el tiempo de *Adviento* que, en un espíritu de expectativa y espera por el Mesías, ocupa las cuatro semanas previas a la Navidad. La Iglesia nos invita a ser conscientes de que al igual que Cristo creció y maduró en el vientre de María, Cristo está creciendo y madurando en nuestros corazones.

El 25 de diciembre marca el comienzo de la *Navidad*. Esta incluye también: la solemnidad de María, Madre de Dios, el 1° de enero y las celebraciones de la Sagrada Familia, el primer domingo después de la Navidad, y la Epifanía. El Bautismo del Señor (generalmente el tercer domingo después de la Navidad), concluye el período de Navidad y marca el principio del Tiempo Ordinario.

El *Tiempo Ordinario* engloba los períodos del año litúrgico que no corresponden a Cuaresma, Pascua, Adviento y Navidad. Durante este tiempo celebramos y reflexionamos el misterio de Cristo en toda su plenitud.

El período de *Cuaresma* comienza el *Miércoles de Ceniza*. La Cuaresma es una temporada de penitencia. Los cristianos realizan actos de penitencia y de caridad para enriquecer y purificar su vida en preparación para la celebración de los misterios pascuales. La Cuaresma se extiende durante cuarenta días. Nos recuerda los cuarenta días que Jesús pasó en el desierto, tal como lo relata el Evangelio de Mateo 4:1–11.

El Triduo Pascual es una festividad que dura tres días. El Jueves Santo se celebra la institución de la Eucaristía en la Última Cena. El Viernes Santo celebramos con oración y ayuno obligatorio, la pasión y muerte de Nuestro Señor. El Sábado Santo es un día de "vigilia" que nos prepara para la Pascua por medio de la oración, de la reflexión y del ayuno opcional. Al caer la noche, la Iglesia estalla en una inmensa alegría y celebración por la Resurrección de Jesús.

La mañana del domingo de *Pascua* da comienzo un período de 50 días en que celebramos la Resurrección de Jesús, la esperanza de nuestra resurrección; la Ascensión de Jesús, la vida de los cristianos hasta que Jesús venga otra vez; y la venida del Espíritu Santo, el nacimiento de la Iglesia el Domingo de Pentecostés.

A la celebración de la Pascua le sigue el *Tiempo Ordinario*, un periodo muy largo del año litúrgico que termina con el domingo de la fiesta de Cristo Rey, justo antes del Adviento. Se trata casi de otro tipo de "epifanía" que concluye el año litúrgico.

El domingo ocupa un lugar especial durante el año litúrgico. En él se celebra el día del Señor porque Cristo resucitó el primer día de la semana. La mayoría de las fiestas litúrgicas se celebran el domingo. Existen también fiestas especiales durante el año llamadas, días de precepto. Actualmente en los Estados Unidos los días de precepto incluyen: la Inmaculada Concepción (el 8 de diciembre), la Natividad de Nuestro Señor (la Navidad), María, Madre de Dios (el 1° de enero), la Ascensión de Nuestro Señor (cuarenta días después de la Pascua), la Asunción de Nuestra Señora (el 15 de agosto) y el día de Todos los Santos (el 1° de noviembre).

¿CÓMO puedo hacerlo vida?

- *¿Cuál es mi período favorito del año?*

- *¿Qué don de Dios me gustaría celebrar durante ese período del año?*

Dentro de una iglesia católica

Existen muchos lugares donde un católico puede encontrar a Dios. Uno de los lugares principales es su parroquia, de la que el Concilio Vaticano Segundo dice que "existe sólo para el bien de las almas".

Cada parroquia tiene límites geográficos y sirve a las personas que viven dentro de ellos. Algunas parroquias no tienen límites geográficos, sino que fueron establecidas para servir a grupos específicos de inmigrantes, nacionalidades, idiomas o ritos.

Dondequiera que miren en su iglesia parroquial, encontrarán elementos que les recuerden a Dios.

Apenas entren a la iglesia verán una pila de agua cerca de la puerta. Se trata del agua bendita que los católicos utilizan para hacer la señal de la cruz como un recordatorio de su bautismo y que se usa en las bendiciones como una señal del amor de Dios. Los fieles humedecen su dedo en la pila, se rocían con el agua y rezan una oración o hacen la Señal de la Cruz.

El altar es la mesa central donde se celebra la Eucaristía y se considera un símbolo de Cristo. Generalmente es de un material especial como piedra, mármol o madera fina. Tiene muchos diseños diferentes, dependiendo del tamaño y del estilo de la iglesia. Durante la liturgia, el pan y el cáliz de la comunión se ofrecen en esta mesa. El libro de las oraciones de la Misa se llama Misal Romano y también se usa en el altar.

Las velas adornan el altar para simbolizar la presencia y la luz de Cristo.

El crucifijo es una cruz con la figura de Cristo, que representa su sufrimiento y su muerte. Generalmente se coloca en un lugar prominente cerca del altar o se usa para presidir la procesión al comienzo del culto. La práctica católica de venerar el crucifijo, o sea la cruz con la figura de Cristo, es una declaración de nuestra fe en el amor total de Dios revelado en la muerte de Cristo.

El sagrario es un altar designado de una manera muy especial donde se reserva y se venera la Eucaristía. Dado que los católicos creemos que la Eucaristía es el Cuerpo de Cristo, creemos también que Jesús está presente de una manera real y única en ella. La posición en la que se encuentra el sagrario dentro de la iglesia depende del estilo arquitectónico y del período en que se construyó la iglesia.

La lámpara del santuario, una vela cerca del sagrario que siempre está encendida, recuerda a los fieles la presencia de Jesús en la Eucaristía allí reservada.

El ambón es el lugar donde se proclama la palabra de Dios a la comunidad durante los servicios. *El leccionario* es el libro que se usa para la lectura de las Escrituras.

El cirio pascual es una vela grande y decorada, un símbolo de Cristo resucitado que se bendice y se enciende cada año durante la Vigilia Pascual. Se coloca cerca del altar o del ambón. En el período pascual, el cirio permanece encendido durante las celebraciones eucarísiticas. Después de la temporada de la Pascua, el cirio se coloca cerca de la pila bautismal para simbolizar nuestra participación en la muerte y la resurrección de Cristo cuando somos bautizados. También flanquea el ataúd durante el ritual cristiano de exequias para simbolizar que ahora el difunto comparte de lleno el amor redentor de Cristo.

La fuente bautismal es donde se pone el agua que se utiliza para bautizar. En las iglesias más antiguas la pila bautismal se suele encontrar en un recinto situado a la entrada de la iglesia. En las iglesias construidas recientemente la fuente bautismal ocupa un lugar prominente del presbiterio. En las iglesias donde se bautiza a los fieles por inmersión, se cuenta con una piscina apta para este propósito.

El confesionario o área penitencial es un cuarto pequeño adaptado para que una persona puede pedir el perdón sacramental del sacerdote cara a cara o en el anonimato, dependiendo de lo que la persona prefiera. El confesionario representa para los católicos un recordatorio de la misericordia y del perdón infinito de Dios.

¿CÓMO puedo hacerlo vida?

- *¿Qué me dicen, acerca de la fe, las señales y los símbolos que observo en una iglesia católica?*

- *Además de mi parroquia, ¿qué otros lugares considero santos? ¿Por qué?*

¿Quién es quién en la Iglesia?

¿Quién es el Papa y cómo afecta su vida? ¿Qué papel desempeña cada persona en la Iglesia? En esta sesión discutiremos el rol que desempeñan algunas de estas personas. Se trata de descripciones breves. Se podrá aprender más al conocer a algunas de ellas y al leer más acerca de ellas.

Empecemos desde arriba. Cristo es la cabeza de la Iglesia. Él "...mantiene la unidad del cuerpo entero por un conjunto de nervios y ligamentos y le da firmeza haciéndolo crecer según Dios" (Colosenses 2:19). Sin embargo, Jesús dio a sus apóstoles una autoridad especial para continuar su misión y los católicos creen que esta autoridad ha sido transmitida a través de los siglos.

El Papa es el líder reconocido de la Iglesia católica aquí en la tierra. Actuando en comunión con todos los obispos del mundo, el Papa preserva y difunde las enseñanzas de Cristo. Enseñanzas contenidas en la manera como la Iglesia católica entiende las Escrituras, las tradiciones de la Iglesia a lo largo de la historia y el desarrollo del entendimiento de la divina revelación. El Papa también hereda la responsabilidad del apóstol Pedro de servir a toda la Iglesia y de defender la fe que ha sido transmitida a través de los siglos.

La Iglesia católica enseña que la misión que Jesús dio a sus apóstoles ha pasado a sus sucesores a través de los siglos hasta el día de hoy. Los católicos llaman "obispos" a los sucesores de los apóstoles. *El obispo* es el pastor y la cabeza de una diócesis. Él es responsable de todos los asuntos de la vida de la Iglesia dentro de los límites geográficos de su diócesis. En una diócesis grande, el obispo cuenta con uno o varios obispos auxiliares que le ayudan con las funciones sacramentales y administrativas.

Un arzobispo es un obispo que se encuentra a cargo de un puesto eclesiástico importante o de una diócesis designada arquidiócesis debido a su importancia en la historia de la Iglesia o al número de sus feligreses. El nuncio apostólico es un arzobispo que actúa como delegado oficial del Vaticano, o como embajador del Papa, en un país. En los Estados Unidos y Canadá, es también mediador entre los obispos del país y el Vaticano.

El título de *cardenal* es una posición honorífica que el Papa da a algunos miembros del clero. Su misión principal es la elección del Papa. Un cardenal puede votar en esas elecciones hasta cumplir 80 años.

Durante su ministerio, Jesús dio a los apóstoles comisiones y órdenes especiales. Después de su resurrección les dijo: "Vayan, pues, y hagan que todos los pueblos sean mis discípulos. Bautícenlos en el Nombre del Padre y del Hijo y del Espíritu Santo, y enséñenles a cumplir todo lo que yo les he encomendado a ustedes. Yo estoy con ustedes todos los días hasta el fin de la historia" (Mateo 28:19-20). Por este motivo los obispos han ordenado sacerdotes para trabajar con ellos en esta misión, confiando algunas de sus tareas ministeriales a los sacerdotes.

El sacerdote puede ser diocesano o religioso. *Un sacerdote diocesano* pertenece a una diócesis específica, bajo la autoridad de un obispo local. *Un sacerdote religioso* es miembro de una comunidad religiosa y trabaja en diferentes partes del mundo por invitación de los obispos locales.

El párroco es el representante directo del obispo y está a cargo de una iglesia parroquial. Los otros sacerdotes nombrados para trabajar en la parroquia se llaman "párrocos asociados" o "vicarios parroquiales". De acuerdo al Derecho Canónico: "El párroco es el pastor propio de la parroquia que se le confía... cumpla las funciones de enseñar, santificar y regir, con la cooperación también de otros presbíteros o diáconos, y con la ayuda de fieles laicos" (Canon 519).

Un diácono es un miembro ordenado del clero, con un rango menor que el de los obispos y los sacerdotes. Un diácono puede ser un diácono en transición (una etapa hacia la ordenación sacerdotal) o permanente (ordenado sólo para el diaconado). Sólo los diáconos permanentes pueden ser casados y únicamente si ya lo estaban al ser ordenados. Si su esposa muere, no pueden volver a casarse. El ministerio propio del diácono es servir a los más pobres y abandonados de la comunidad y asistir en las funciones litúrgicas.

En la Iglesia católica, *un religioso* o una religiosa es una persona que pertenece a un instituto religioso o a una orden. Cada instituto tiene su ministerio particular, como el ministerio de la oración, el ministerio a los pobres, la enseñanza, etc. Algunas de estas comunidades son: los Frailes Menores (los franciscanos), la Sociedad de Jesús (los jesuitas) y la Congregación del Santísimo Redentor (los redentoristas) que publican estos materiales. Los religiosos profesan votos de pobreza, castidad y obediencia para poder seguir a Cristo con mayor fidelidad.

Generalmente utilizamos la palabra "monja" para describir a todas las mujeres que pertenecen a órdenes religiosas. En realidad debemos usar la palabra *"hermana"*. Una monja es una hermana que pertenece a una orden de clausura. Las monjas viven en conventos y tienen un contacto limitado con el mundo. **Un hermano** es un miembro de una orden masculina que aún no ha sido ordenado sacerdote. Los sacerdotes y los hermanos de las órdenes monásticas son "monjes". Las comunidades religiosas también pueden incluir a personas laicas, a diáconos, a sacerdotes y a obispos.

Hoy en día, *los laicos* en la Iglesia son llamados de la misma manera a ser discípulos de Cristo. El laicado lo conforman todos los católicos bautizados que no son miembros del clero. Los laicos están llamados a ejercer su bautismo llevando la presencia de Cristo a su vida cotidiana y a lograr la santidad cumpliendo con sus deberes particulares.

¿CÓMO puedo hacerlo vida?

- *¿Mencione algunos ministerios en una parroquia?*
- *¿En qué ministerio puedo servir en la Iglesia? ¿Por qué?*

Concluya la sesión con el rezo del Padrenuestro:

Padre nuestro,
que estás en el cielo
Santificado sea tu Nombre;
Venga a nosotros tu reino;
Hágase tu voluntad
En la tierra como en el cielo.
Danos hoy nuestro pan de cada día;
perdona nuestras ofensas
como también nosotros perdonamos
a los que nos ofenden;
no nos dejes caer en la tentación,
y líbranos del mal.
Amén.

MATERIAL COMPLEMENTARIO

Burgaleta, Claudio M. *Manual de la teología para los católicos de hoy*. Libros Liguori.

Gaillardetz, Richard R. *Una espiritualidad para lectores: Al servicio del Pueblo de Dios*. Libros Liguori.

Gaillardetz, Richard R. *Una espiritualidad para ministros extraordinarios de la Comunión: Al servicio del Pueblo de Dios*. Libros Liguori.

Sosa, Juan J. *Manual para entender y participar en la Misa*. Libros Liguori.

Oración final: Dios bondadoso, te damos gracias por el don de tu Iglesia. Ayúdanos a vernos como miembros valiosos del cuerpo de Cristo, cada cual con los dones y talentos que aportamos a la comunidad de fe. Abre nuestros ojos a la belleza de tu obra en todas las personas y en todos los lugares, y danos la gracia de crecer en la fe y el amor. Amén.

SESIÓN 3

Creciendo en la fe

¿QUIÉN? ¿Quién nos otorga los dones y la capacidad que necesitamos para ayudar y servir a los demás?

¿QUÉ? ¿Qué significa la fe y vivir por la fe?

¿CUÁNDO? ¿Cuándo experimentamos sentimientos de culpa y cómo podemos superarlos?

¿DÓNDE? ¿Dónde encontramos los recursos para comprender mejor nuestra fe?

¿POR QUÉ? ¿Por qué es la fe un aspecto importante de mi vida diaria?

Canto de entrada: La sesión comienza con un canto litúrgico conocido.

Oración inicial: Dios Creador, nos has llamado a esta comunidad conocida como la Iglesia católica. Bendice nuestro trabajo durante la sesión de hoy, para que entendamos mejor quiénes somos y de dónde venimos como miembros de la Iglesia. Abre nuestra mente y nuestro corazón a tu palabra y a las palabras de los que nos hemos reunido hoy. Inspíranos con tu espíritu y guíanos en el camino de Jesucristo, nuestro Señor. Amén.

Lectura: Santiago 2:14–19, 26

A continuación se tiene una reflexión en silencio durante algunos minutos.

El itinerario de la fe

Nos sería imposible vivir sin fe. Tenemos fe en que la gente que prepara nuestra comida no va a envenenarnos, que los conductores van a quedarse en su lado de la calle y que los dentistas saben lo que están haciendo cuando nos sacan las muelas.

La mayor parte de nuestros conocimientos se basan en la fe. Como dijo San Agustín: "Me puse a pensar en las muchas cosas en las que creía y que no había visto, o lo que había sucedido sin yo estar presente — tantas cosas en la historia de las naciones, tantas cosas acerca de lugares y ciudades que nunca había visto, tantas cosas que me habían contado amigos, doctores, fulano y zutano: y a menos que aceptemos estas cosas, no podremos hacer nada en esta vida".

Vivir por la fe quiere decir que vivimos como seres amados y queridos por Dios, incluso en los momentos en que las dificultades de la vida tambalean nuestras convicciones. Sin importar lo que la gente diga, seguimos creyendo que nada puede separarnos del amor de Dios (Lean Romanos 8:35–39).

La fe nos da un conocimiento que la inteligencia humana por sí sola no puede alcanzar. El mensaje de Dios para nosotros se puede resumir simplemente en: "Te amo. ¿Me permitirás amarte para que tú aprendas a amar?" Cuando otra persona nos dice: "Te amo", encontramos la misma invitación. Podemos buscar las señales de la realidad de su amor, pero no podemos probar que nos aman de la misma manera en que podemos demostrar que dos y dos son cuatro.

La única manera de saber si nos quieren es, participar de ese amor—abrir nuestro corazón para permitir que nos amen. Lo mismo sucede con Dios. La fe nos permite recibir el amor de Dios, que a su vez nos permite una comprensión diferente del amor y la vida. Cuando nos sentimos alejados o estamos de mal humor, Dios permanece tan cercano a nosotros como cuando estamos alegres y satisfechos. La expresión más auténtica de nuestra fe es esforzarnos por aprender y por amar.

Para la mayoría de nosotros, el comienzo de la fe no fue algo dramático, sino más bien como una semillita sembrada en el fértil terreno de nuestro corazón. La semilla crece al ser regada y cuidada con esmero. La fe es un proceso y es el proceso más importante de todos porque nos lleva a Dios. Cuanto más aprendamos sobre la fe y cuanto más la vivamos, más cerca estaremos de Dios. Mientras más cerca estemos de Dios más sabremos acerca de la alegría y del amor en la vida.

¿Tener fe significa que no podemos cuestionar esa fe? Algunas personas pueden pensar que tener fe significa que deben aceptar lo que se les dice sin hacer preguntas. La fe no significa que tenemos todas las respuestas, sino que creemos que Dios las tiene.

Sería casi imposible para un católico activo y maduro pasar por la vida sin, de vez en cuando, tener algunas dudas. Esto es parte del proceso de la fe. Recordemos que Jesús no abandonó a los apóstoles cuando dudaron, ni les dio la espalda porque no podían comprenderlo todo rápidamente.

La fe nos impulsa a tener una relación continua con Dios durante toda la vida. Incluso las personas que tienen relaciones humanas muy profundas e íntimas llegan a dudar. Sin embargo, una pareja puede lograr mayor intimidad, un amor más profundo y maduro después de haberse enfrentado a sus dudas. Sucede lo mismo con las nuestras. Pueden llegar a ser agentes de cambio para lograr una unión más profunda e íntima con Dios.

Durante un período de duda, podemos tratar de comprender mejor por medio de la oración, de la lectura, de los sacramentos, de los buenos consejos y de las buenas obras. Dios no siempre nos da las respuestas que queremos, pero si hemos de crecer en nuestra fe tenemos que seguir buscando y estudiando la revelación de Dios. La verdadera fe nunca es anti-intelectual; la verdadera fe usa la razón, la imaginación, la memoria, los sentimientos y la voluntad.

La fe es un regalo de Dios. Es responsabilidad nuestra estar dispuestos a recibir ese regalo y a usarlo. Esto es más difícil de lo que imaginamos. El egoísmo, la ansiedad, el querer tener total control de nuestra vida, son actitudes que pueden impedirnos aceptar este regalo.

¿CÓMO puedo hacerlo vida?

- *Piensa en algo que te esfuerzas por controlar en tu vida – una persona, una situación, cualquier cosa. Ahora, piensa en un pequeño detalle de esa situación que puedes ofrecer a Dios y dejar en sus manos.*

- *¿Mi estilo de vida manifiesta lo que creo? ¿Qué manifiesta?*

La conversión da inicio a una maduración en la fe

La palabra "conversión" tiene varios significados. Primeramente significa "cambiar o dar la vuelta". Su uso más común describe el proceso de cambiar de religión.

Sin embargo, la conversión no se puede limitar sólo al proceso del cambio de religión. La conversión es el llamado continuo, al cristiano comprometido, a crecer en la fe y en la práctica de la misma. Significa profundizar en nuestra relación con Dios y con los otros cristianos.

El primer paso en el proceso de la conversión es acudir a Jesucristo. Aceptarlo como nuestro Señor y salvador. Optar por vivir la vida de fe en la comunidad de los fieles de Dios. Este paso se conoce como la "conversión inicial". Puede ser una experiencia conmovedora o un momento dramático que da un vuelco total a la persona.

Sin embargo eso es sólo el principio. La conversión inicial necesita tiempo, espacio y la oportunidad de echar raíces en la vida de una persona. Al igual que cualquier ser vivo, la vida de fe requiere el ambiente adecuado para crecer y dar frutos.

La conversión también requiere que perseveremos, que llevemos nuestra vida por cierto camino. Es como cuando practicamos para mejorar en algún deporte. Somos buenos, pero podemos ser mejores. La conversión diaria significa dirigir nuestra vida, día a día, hacia Dios.

La historia de una de las conversiones más profundas en el Evangelio es la historia de la transfiguración de Jesús (Mateo 17:1–9). Jesús lleva a Pedro, a Santiago y a Juan al tope de un monte y ellos lo ven tal cual es: el Hijo de Dios. La experiencia es tan intensa para Pedro y los otros, que se quieren quedar allí para siempre. Sin embargo tenían que bajar de la montaña y regresar a la rutina de la vida diaria.

La experiencia "cumbre" de los apóstoles no duró mucho tiempo. Eso no significa que después de esa experiencia, los apóstoles ya no estaban en presencia de Dios o que estaban alejados de Él (o Dios de ellos). Siguieron caminando con Jesús, aunque los sentimientos y las emociones especiales de aquella experiencia, se esfumaron pronto ante el sufrimiento y la muerte de Jesús.

Lo normal es que aunque yo no "sienta" a Dios cada minuto del día, tampoco piense, ni por un momento, que Dios no está a mi lado.

Sentir estas experiencias espirituales continuamente no es parte de nuestra naturaleza humana. El itinerario de la fe incluye vivir y creer como cristianos especialmente, cuando no tengamos ganas de hacerlo. Pero también hay momentos en que necesitamos que Dios nos asegure que está con nosotros.

Aquí es donde la Iglesia juega un papel muy importante en nuestra vida. Orar, escuchar y leer la palabra de Dios, asistir a la Misa, recibir los Sacramentos —especialmente el de la Reconciliación— y recibir dirección espiritual pueden ayudarnos a darnos cuenta de que Dios está presente todos los días en nuestra vida.

La conversión es un proceso que dura toda la vida. Cubre las etapas del desarrollo natural por las que todos transitamos hacia la vida adulta. Incluye todos los contratiempos y problemas de la vida. Significa que cada vez estamos más dispuestos a recibir a Dios en nuestras vidas, que somos más sensibles ante las necesidades de los demás y que deseamos ver el reino de paz y justicia de Dios en nuestro mundo.

Las conversiones también ocurren en medio de circunstancias ordinarias – un encuentro con un extraño, cuando asistimos a una boda o a un entierro, cuando visitamos una iglesia o un hospital. Cosas sencillas como sobrellevar a un vecino o a un pariente que nos molesta, pueden ser momentos de gracia.

Cambiaremos en la medida en que respondamos a nuestro llamado a la conversión. Podemos ignorar la gracia o podemos responder de corazón a la misma. Siempre estará presente la iniciativa de parte de Dios.

Pidamos ayuda a Dios. Examinemos nuestra vida. Hemos recibido la gracia de la conversión, que nos llevará aún más lejos. La vida en Dios es "una conversión continua". Respondamos a ella con todo el corazón.

....

¿CÓMO puedo hacerlo vida?

- *¿Qué espero de Jesús y de la Iglesia? ¿Hay algunas cosas que necesito cambiar?*

- *¿Qué actividades y cambios pueden servirme de ayuda en el proceso de conversión personal?*

- *Describe una "experiencia ordinaria" reciente y que haya sido motivo de conversión. ¿Cómo respondí a ese llamado a la conversión? ¿Experimenté algún cambio debido a esa conversión?*

....

Echemos un vistazo a nuestro interior

Los anhelos espirituales son parte de nuestra naturaleza. Se manifiestan en nuestra búsqueda de sentido, o para ser más exactos, en las muchas cosas que hacemos para sentirnos satisfechos. La comida, el dinero, el alcohol, el amor romántico, la posición social y las amistades sólo otorgan una satisfacción momentánea a nuestras necesidades espirituales. Una vez pasado el momento, nos quedamos deseando algo más.

Mientras la conversión echa raíces en nuestra vida, podemos llegar a considerar necesario dejar atrás ciertos aspectos de nuestro pasado; examinar nuestras acciones y actitudes; analizar lo que nos acerca más a Dios y lo que nos aleja de su amor. Cuando examinamos algo, lo hacemos con mucho cuidado. Miramos en nuestro interior para encontrar lo que nos mantiene alejados de Dios. Después elevamos la mirada hacia Dios para que sane esas debilidades y nos dé fuerzas para enfrentarnos a las tentaciones futuras.

El sentido universal humano de la culpa nos recuerda también nuestra vulnerabilidad.

A continuación se enumeran algunos pasos que podemos dar para que el regalo de la fe siempre nos encuentre receptivos:

Reconocemos la insensatez de buscar la satisfacción pensando y actuando de manera egoísta. Nos damos cuenta de esto porque siempre nos sentimos culpables cuando lo hacemos.

Creemos que Dios quiere que lo conozcamos. Cristo está frente a la puerta del espíritu y toca, listo para entrar y vivir con nosotros, pero espera pacientemente nuestra invitación (Ver Apocalipsis 3:20).

Le pedimos a Dios que nos perdone y que instale su hogar en nosotros. Suplicamos para que el Espíritu de Dios nos forme según su voluntad (Ver 1 Corintios 2:10-16).

Eliminar los hábitos egoístas puede ser un proceso de crecimiento muy doloroso que preferiríamos no experimentar. Sin embargo, vivir una vida de fe significa convertirnos en discípulos de Cristo. La fe nos permite vivir una vida de amor en un mundo que muy a menudo es egoísta y no acepta sus caminos.

Cuando examinamos con cuidado nuestra vida, podemos aumentar la conciencia de nuestros defectos y fracasos. Una posible consecuencia es experimentar culpabilidad por las acciones y decisiones que no fueron muy buenas. La culpa, en el nivel más inmediato, es el sentimiento que experimentamos después de hacer algo malo, algo que hiere a otra persona, algo que viola los mandamientos. Cuando nuestras acciones o decisiones son moralmente malas, nos sentimos culpables.

Por algún tiempo ha existido en la psicología popular, la idea de que la culpa es dañina y que se debe eliminar o ignorar. Se puede considerar dañino sentir remordimiento sin motivo suficiente. Pero cuando nos sentimos culpables, generalmente es porque hemos hecho algo que no deberíamos haber hecho. En estos casos la culpa puede ser razonable y saludable. Es señal de que nuestra conciencia está funcionando.

El segundo nivel de la culpa viene cuando violamos normas que hemos aceptado o incluso inventado. Es decir, un terrible ataque de "debería...": "debería ser capaz de hacer siempre las cosas; nunca debería cometer errores; debería aprovechar cada momento; no debería expresar nunca ciertos sentimientos; debería poder poner en práctica lo que aprendo; debería...". La lista puede ser interminable. Esta clase de culpa no sirve para fomentar una buena relación con Dios.

El tercer nivel de la culpa es universal. Como un arroyo subterráneo, fluye por debajo de nuestras vidas y sólo a veces sube a la superficie en forma de un sentimiento. Este sentimiento de culpa procede de aquella recóndita parte de nuestro ser que reconoce, de una manera u otra, que nos hemos alejado de Dios. Es la conciencia que se da cuenta de nuestra debilidad causada por el pecado original. Somos creados para Dios pero como no vivimos para Dios y en Dios, el resultado es la culpa subyacente.

El sentido universal humano de la culpa nos recuerda también nuestra vulnerabilidad. No podemos hacer nada, ni convertirnos en alguien nosotros solos. Dependemos totalmente de la misericordia de Dios. Cuanto más conscientes seamos de nuestra vulnerabilidad, más amaremos a Dios y más podrá Dios ayudarnos a sentir paz a pesar de nuestra culpa.

Algunas personas se aferran a su culpa. Prefieren sufrirla en lugar de examinarla. Esta falta de responsabilidad es algo muy destructivo. Nada puede sanar el sentido de culpa ni darnos la paz a menos de que estemos dispuestos a examinarla y a cambiar en el futuro. ¡La culpa pide el cambio—la conversión—a gritos!

¿CÓMO puedo hacerlo vida?

- *¿Hasta qué punto está mi vida centrada en Dios? ¿En otros? ¿En mí?*

- *¿Cuáles son los "debería" más frecuentes en mi vida? ¿Cómo puedo llegar a ser un fiel discípulo de Jesucristo?*

- *¿Qué puedo hacer para reconciliarme con mis sentimientos de culpa y lograr una relación más amorosa con Dios?*

Descubriendo nuestros dones y habilidades

Hay diferentes dones espirituales, pero el Espíritu es el mismo. Hay diversos ministerios, pero el Señor es el mismo. Hay diversidad de obras, pero es el mismo Dios quien obra todo en todos. (1 Corintios 12:4–7).

Al continuar el propio proceso de conversión y reconciliación con nuestro pasado, podemos mirar hacia adelante, hacia nuestros dones y habilidades personales, y descubrir cómo hemos de usarlos para el bien común. San Pablo nos dice que nuestros dones no son para nuestro propio provecho, sino para beneficio de los demás. La pregunta entonces no es sólo qué dones poseo, sino cómo los uso para servir a los demás.

Quizá puedan reconocer algunos de estos dones como suyos:

La sabiduría.

Se dice que la "sabiduría" viene con los años. A menudo sucede así, pero no se trata de algo automático. La sabiduría es un don del Espíritu Santo. Se obtiene al mantener la mente abierta; al aprender de nuestras experiencias; al conocer la naturaleza humana; al saber que Dios está vivo y activo en lo más profundo de nuestro mundo. Descubrir que la vida tiene significado es parte de la sabiduría que recibimos de Dios. Y esto cambia la manera como vivimos.

El conocimiento.

Puede ser que no contemos con títulos universitarios, pero todos tenemos conocimientos que podemos compartir con otras personas. Lo importante no es cuántos conocimientos poseemos, sino usarlos con compasión.

La sanación.

Cuando pensamos en sanación, es posible que pensemos en curas milagrosas o en el trabajo de enfermeras y doctores. La mayoría de nosotros pensaría que no tiene el don de la curación. Sin embargo, una curación también es animar a una persona deprimida, hacer sonreír a quien se encuentra triste, consolar un corazón que sufre.

Obras maravillosas.

Tendemos a pensar que las obras maravillosas son cosas que realizamos—y que harán que los demás piensen que somos poderosos. Queremos estar a cargo de un gran proyecto; queremos inscribir a muchas personas en un programa de la parroquia; queremos que la gente haga lo que decimos… Pero si pensamos en las obras maravillosas como pensamos en los demás, nos daríamos cuenta de que lo que produce un mayor impacto en la gente no es lo grandioso, sino el servicio humilde que nadie más quiere ofrecer.

La profecía.

Para el cristiano, la profecía no significa predecir el futuro. La profecía significa vivir de acuerdo a los valores de Dios y anunciarlos donde no parecen estar presentes. Dorothy Day, la fundadora de la casa del Obrero Católico en los Estados Unidos percibió una injusticia en la manera en que se trataba a los pobres en este país. Trabajó para cambiar esa realidad y buscó la dignidad y el respeto al tratar de cubrir las necesidades básicas de los pobres y de los desamparados.

El discernimiento de los espíritus.

Es fácil no dar importancia a alguien que nos es hostil, que nos critica o que no está de acuerdo con nosotros. Sin embargo, las personas que disciernen los espíritus saben que todos son hijos de Dios, con dones para compartir. El discernimiento de espíritu exige que observemos las situaciones desde el punto de vista de Dios y que nos preguntemos no sólo qué queremos hacer, sino qué quiere Dios que hagamos.

El don de hablar en lenguas.

Después que el Espíritu Santo descendió el día de Pentecostés, Pedro y los otros apóstoles pudieron hablar en lenguas para que todos los pueblos entendieran. Ellos pudieron comunicar a todos la Buena Nueva de Dios. A menudo el don de lenguas se refiere a un fenómeno específico, pero vamos a extender su significado e incluir el poder hablar el idioma del Espíritu Santo. Este idioma es el amor y la compasión. Nos comunicamos en este idioma cuando hablamos bien de los demás; cuando apreciamos el servicio que nos han prestado y expresamos nuestra admiración y ánimo.

La interpretación de las lenguas.

Cuando verdaderamente escuchamos a los demás, nos damos cuenta de que lo que necesitan va más allá de la superficie de sus palabras. Cuando alguien escucha de verdad, sin juzgar ni dar consejos, las personas sienten que se les acepta y se les da la bienvenida tal y como son. Éste es uno de los ministerios más sencillos, pero a menudo uno de los más difíciles de proporcionar.

¿CÓMO puedo hacerlo vida?

- *¿Puedo identificarme con cualquiera de los dones del Espíritu Santo que se mencionaron en esta lista?*

- *¿Hay otros dones y talentos que puedo utilizar para ayudar y servir a los demás?*

- *¿Cómo me han ayudado los dones de los demás para crecer en mi fe? ¿Hay alguien en particular ayudándome en este momento? ¿Cómo?*

Concluya la sesión con esta oración de Redención:

*Dios de toda la creación que reconstruyes
lo destruido y reparas lo deteriorado.
Toma mi vida en tus manos.
Lléname con tu Espíritu Santo,
créame de nuevo y devuélveme a ti.
Hazme tuyo y consérvame en tu presencia. Amén*

MATERIAL COMPLEMENTARIO

Carrillo Alday, Salvador. *Retiros de crecimiento espiritual para la nueva evangelización*. Tomo 1 y 2. Libros Liguori.

Rolheiser, Ronald. *En busca de espiritualidad*. Libros Liguori.

Kessler, Mathew y Medina, José Antonio. *Con corazones llenos de gozo*. Libros Liguori.

Oración final *Dios bondadoso, te damos gracias por el don de tu Iglesia. Ayúdanos a vernos como miembros valiosos del cuerpo de Cristo, cada cual con los dones y talentos que aportamos a la comunidad de fe. Abre nuestros ojos a la belleza de tu obra en todas las personas y en todos los lugares, y danos la gracia de crecer en la fe y el amor. Amén.*

SESIÓN
4

La Sagrada Escritura

¿QUIÉN? ¿Quiénes son los personajes más importantes del Antiguo Testamento?

¿QUÉ? ¿Qué significa la afirmación: Dios inspiró la Biblia?

¿CUÁNDO? ¿Cuándo se escribió la Biblia?

¿DÓNDE? ¿Dónde tienen su origen las lecturas que proclamamos en la Misa?

¿POR QUÉ? ¿Por qué es tan importante leer la Biblia?

Canto de entrada: La sesión comienza con un canto litúrgico conocido.

Oración inicial: Dios Creador, nos has llamado a esta comunidad conocida como la Iglesia católica. Bendice nuestro trabajo durante la sesión de hoy, para que entendamos mejor quiénes somos y de dónde venimos como miembros de la Iglesia. Abre nuestra mente y nuestro corazón a tu palabra y a las palabras de los que nos hemos reunido hoy. Inspíranos con tu espíritu y guíanos en el camino de Jesucristo, nuestro Señor. Amén.

Lectura: Mateo 7:24–28

A continuación se tiene una reflexión en silencio durante algunos minutos.

Un libro para siempre

La Biblia es una colección de libros que hablan de Dios; de la relación de Dios con la humanidad; de nuestra relación con Dios y de cómo Dios quiere que las personas se relacionen unas con otras.

La palabra "biblia" viene de una palabra griega que significa "libros". Muchas personas diferentes, en lugares y épocas diferentes, escribieron los textos de la Biblia inspiradas por el Espíritu Santo. Este proceso duró aproximadamente 1,000 años, desde más o menos el año 900 a.C. hasta el año 100 d.C.

Cuando decimos que la biblia fue escrita por inspiración divina, significa que Dios es el autor de la Biblia, pero no significa que dictó la Biblia palabra por palabra.

En el contexto de la Biblia, la palabra testamento significa "acuerdo" o "alianza". El Antiguo Testamento es una colección de libros sobre la alianza entre Dios y nuestros antepasados judíos en la fe.

El Antiguo Testamento católico contiene 46 libros (La versión protestante consiste de 39 libros.). Estos libros se pueden agrupar en segmentos que nos ayudan a comprender mejor el trayecto del pueblo de Dios.

La Tora, o la Ley, incluye los primeros cinco libros del Antiguo Testamento, conocidos también como Pentateuco, ("cinco libros" en griego). Habla del trayecto más importante de todos — el de los israelitas para convertirse en el Pueblo de Dios, mediante el viaje de Abraham a Canaán y el Éxodo de los israelitas de Egipto.

Los Libros históricos cubren un período que va desde la entrada de los israelitas a la Tierra Prometida alrededor del año 1225 a.C. hasta el final de las guerras macabeas cerca del año 335 a.C. Los israelitas veían la mano de Dios guiando todo lo que sucedía en el mundo.

Los Libros de la Sabiduría son una búsqueda inspirada del significado de la vida. Los autores usan la poesía y los proverbios, los dichos y las canciones. Se enfrentan a los problemas de nuestro origen y destino, del sufrimiento humano, del bien y del mal.

Los Libros proféticos no predicen el futuro, son relatos de quienes hablan de parte de Dios acerca de situaciones de su época.

Los libros del Nuevo Testamento tratan acerca de la alianza entre Dios —por medio de Jesús— y su Pueblo. El Nuevo Testamento no anula la Alianza del Antiguo Testamento, sino que la completa y la continúa.

Durante veinte años después de la resurrección, los misioneros difundieron la Buena Nueva de Jesús en su predicación. Con el tiempo, los cristianos sintieron la necesidad de preservar su herencia por escrito. Comenzaron a aparecer colecciones de lo predicado por Jesús, de oraciones litúrgicas y de profesiones de fe.

La mayoría de los veintisiete libros del Nuevo Testamento se escribieron a finales del siglo I. Cada libro revela un aspecto diferente de Jesús. Los cuatro evangelios son crónicas de la vida de Jesús escritas durante los primeros años después de la fundación de la Iglesia.

Los libros del Nuevo Testamento se agrupan de la siguiente manera:

Los cuatro Evangelios — los evangelios se escribieron para comunidades diferentes. El Evangelio de Marcos habla del ministerio público y de la humanidad de Jesús. El Evangelio de Mateo se enfoca en las enseñanzas de Jesús. El Evangelio de Lucas revela la preocupación de Jesús por los pobres y por las mujeres. El Evangelio de Juan trata sobre el misterio de Jesús.

Los Hechos de los Apóstoles — se trata de un relato sobre el desarrollo de la primera Iglesia.

Las trece Epístolas — son cartas escritas por San Pablo o por sus discípulos.

Las ocho Epístolas — son cartas escritas por otros apóstoles.

El Apocalipsis — es un mensaje de esperanza para los cristianos perseguidos, que promete el triunfo final de Cristo en la historia. No es una predicción del futuro.

Los escritos del Nuevo Testamento no dicen quién era, sino quién es Jesús. Más que simples documentos históricos, estos escritos tienen el poder de cambiar la vida.

¿CÓMO puedo hacerlo vida?

- *¿Qué tan bien conozco la Biblia? ¿Me he dado el tiempo de leerla, o es todavía un misterio para mí?*

- *Describe una alianza entre tú y Dios. ¿Cómo afecta a mi vida esa alianza?*

El Pueblo de Dios

En el Antiguo Testamento encontramos la narración de la relación de Dios con su Pueblo – el despertar de la conciencia de ese pueblo, los momentos en que huyó de Dios y en que se acercó más a Él. En estas historias antiguas podemos reconocer la nuestra, porque buscar a Dios y el significado de la vida es algo que ha existido desde siempre.

Después de que Adán y Eva fueron expulsados del jardín del Edén, la mente de la humanidad se alejó mucho de Dios. Con el pasar de las generaciones, la gente dejó de estar consciente de Dios. Sólo unas cuantas personas reconocieron la presencia de Dios en su vida.

Abraham fue una de esas personas. Un día, Dios dijo a Abram: "Deja tu país... Y anda a la tierra que yo te mostraré". Abram y Saray recogieron sus pertenencias y viajaron muchas kilómetros a la tierra de Canaán. Aquí Dios les dio unos nombres nuevos: Abraham, que significa padre de muchas naciones y Sara, que significa princesa del pueblo.

Abraham y Sara tuvieron un hijo, Isaac quien, con su esposa Rebeca, tuvo a Jacob. Éste, con el tiempo, se convirtió en el padre de los líderes de las doce tribus de Israel.

El penúltimo de sus hijos, José, fue vendido por sus hermanos a unos mercaderes que iban camino a Egipto, donde se convirtió en esclavo de la corte del Faraón. Dios había dado a José el don de la interpretación de los sueños. Cuando José interpretó los sueños inquietantes del Faraón, el poderoso líder de Egipto nombró a José su primer ministro.

Después de un tiempo, José se reconcilió con sus hermanos y mandó a buscar a su padre y el pueblo de Israel se estableció en Egipto.

Durante algún tiempo todo salió muy bien para los descendientes de Israel en Egipto. Pasaron varias generaciones. Las personas se multiplicaron y experimentaron la bondad de su Dios. Sin embargo un nuevo Faraón pensó que era peligroso permitir que este grupo creciera y prosperara. Durante esta época, Moisés se convirtió en parte de la historia de los israelitas.

Dios dio una misión a Moisés: ir a Egipto y decir al Faraón que liberara a su Pueblo. Finalmente Moisés accedió a ir a ver al Faraón y exigirle que dejara ir a su gente —con la promesa de Dios de ayudarlo en su misión. Sin embargo Moisés no consiguió la libertad para el pueblo de la noche a la mañana.

Los israelitas vagaron por el desierto durante cuarenta años. Este viaje era una historia de las promesas que el Pueblo hizo y no cumplió; una historia de la fidelidad de Dios a pesar de la infidelidad de su Pueblo. Cuando los israelitas por fin llegaron a la tierra prometida, la relación entre el Pueblo y Dios se había convertido en una parte vital de su culto y de su historia.

Después de Moisés, la gente empezó a ver su travesía como una travesía de grupo o "comunitaria". Se suponía que Dios era la cabeza de esta comunidad, pero cuando la gente se alejó de Él, Dios envió a mujeres "jueces" y a hombres "jueces" para gobernarlos.

El Pueblo imploró a Dios que le diera un rey, aunque Dios les advirtió que un rey no sería tan bondadoso y generoso como Él. El primer rey, Saúl, sintió celos de la popularidad de un joven pastor llamado David, a quien Dios había elegido para ser el líder de los israelitas. David tuvo muchas oportunidades de matar a Saúl, pero se negó a herirlo.

Cuando David por fin fue proclamado rey, gobernó a su pueblo y lo condujo por años de prosperidad. Dios prometió que el reino de David nunca terminaría y que uno de los descendientes de David "será un hijo para mí". Los católicos creen que Dios se refiere a Jesús, el descendiente de David.

Salomón, el hijo de David, convirtió a Israel en una nación poderosa y construyó el primer templo en Jerusalén. Con el tiempo Salomón se apegó demasiado a las cosas de este mundo, perdió contacto con Dios y empezó a adorar a otros dioses. Después de la muerte de Salomón y como resultado de haber abandonado a Dios, el reino se dividió en Israel en el norte y Judá en el sur. A menudo estos dos reinos pelearon y continuaron adorando ídolos.

Muchos profetas advirtieron que la gente debía reformarse y volver a vivir la Alianza con Dios, o las consecuencias políticas y religiosas serían muy serias. Los profetas también rogaron a Dios que diera a la gente más oportunidades, pero el Pueblo ignoró las advertencias de los profetas.

En el año 587 a.C., tal y como los profetas habían advertido, los babilonios capturaron Jerusalén y Judá. Muchos de los habitantes fueron desterrados. Durante esta época, un pequeño número de personas llamado

Durante algún tiempo todo salió muy bien para los descendientes de Israel en Egipto.

"el resto", continuó siendo fiel y esperando el momento en que el Pueblo se reconciliaría de nuevo con Dios y la gloria del reino de David volvería.

Cuando Ciro conquistó Babilonia, Dios lo inspiró para que dejara que los israelitas regresaran a su tierra y reconstruyeran sus templos. Este período de restauración duró doscientos años hasta que fueron conquistados por Alejandro Magno. Después de eso, excepto por veinte años de revolución anotados en el libro de los Macabeos, los israelitas vivieron bajo la dominación extranjera esperando su libertad.

Desde el año 63 a.C., el Imperio Romano extendió su control por la región. Los romanos permitieron que el templo de Jerusalén se reconstruyera modestamente. La expectativa de una reconciliación con Dios añorada en el pasado, alcanzó su momento culminante con el profeta del desierto, Juan Bautista, quien anunció la venida inminente del Mesías y bautizó a Jesús en el río Jordán.

En la fe de los cristianos, es Jesús quien cumple la promesa que Dios hizo a Adán y Eva y quien restaura el reino de David, pero de una manera nueva y diferente.

¿CÓMO puedo hacerlo vida?

- *Algunos de los israelitas no usaron bien los dones que Dios les había dado. ¿He usado alguna vez un talento o don de Dios con fines egoístas?*

- *¿En qué momentos de mi vida ha tenido que pasar mucho tiempo o muchas intervenciones por parte de Dios antes de lograr la libertad?*

¿Cómo interpretan la Biblia los católicos?

Las personas que escribieron la Biblia escribieron para sus contemporáneos, personas de la misma cultura. Escritores y lectores compartían la misma imagen mental, una imagen que puede ser totalmente diferente a la del lector actual. Necesitamos conocer el significado de cada libro y la intención de su autor y tomar en cuenta la tradición viva de la Iglesia.

La Biblia utiliza todos los géneros literarios que conocemos y también algunos que son únicos de la cultura de quienes vivieron en los tiempos bíblicos. Encontramos exposiciones históricas, épicas nacionales, cuentos y parábolas, poemas y canciones litúrgicas, códigos de leyes, cartas, escritos de sabiduría, profecías, enseñanzas y muchos tipos de oración.

Cada expresión, cada género, tiene su propia verdad. Identifiquen el género y habrán encontrado la clave para comprender el mensaje que Dios comunica por medio de palabras humanas. Equivocarse en cuanto al género literario de un pasaje bíblico equivale a no comprender la intención original.

Pensemos en nuestro conocimiento actual sobre el origen del universo y la evolución de la vida. Comparémoslo con lo que encontramos en el libro del Génesis. El autor del Génesis no pretendía escribir una obra científica o un cuadro cronológico. El autor tenía algo más importante que comunicar.

Por esa razón, el autor tomó un cuento sobre la creación proveniente de épicas paganas famosas y lo reescribió para hacer hincapié en las creencias particulares de Israel. En contraste con los cuentos paganos, el Dios de la Biblia no tuvo que pelear contra enemigos para hacerse del poder. El mundo cobró existencia debido a la palabra de Dios. En lugar de un mundo lleno de poderes malignos que amenazaban destruirlo todo, tenemos la creación donde todo era muy bueno.

Por lo tanto, el género literario del Génesis no es una descripción científica, sino una profesión de fe en la bondad de Dios y en la de su creación. Una vez aceptada esta premisa, no debe causarnos problema que la Biblia afirme que la luz existió tres días antes de la creación del sol, de la luna y de las estrellas.

La Constitución dogmática sobre la Divina Revelación, uno de los documentos del Concilio Vaticano Segundo, dice: "...los libros de la Escritura enseñan firmemente, con fidelidad y sin error, la verdad que Dios quiso consignar en las sagradas letras para nuestra salvación". En otras palabras, las verdades que hay que defender como infalibles se refieren a aquello que necesitamos saber para obtener la salvación.

Los católicos tienen suerte de contar con esta interpretación autorizada de la infalibilidad bíblica. Esto hace posible aceptar las teorías científicas y las conclusiones de las investigaciones históricas sin temor de contradecir la palabra de Dios.

Muchos amantes devotos y sinceros de la Biblia se preocupan cuando encuentran pasajes que no encajan muy bien con el resto de sus creencias. Descubren pasajes de la Biblia que contradicen la fe que vivimos hoy. Por ese motivo las enseñanzas de la Iglesia son tan importantes. La Iglesia se asegura de que no caigamos en error acerca de lo que Dios quiso revelar.

Los católicos tienen gran libertad en cuanto a la interpretación de la Biblia. De hecho, Pío XII y los padres del Concilio rogaron a los estudiosos de la Biblia que lidiaran con los problemas difíciles. La Iglesia confía en que el mismo Espíritu Santo que inspiró a quienes escribieron y recopilaron la Biblia, continúa guiando y dirigiendo a la Iglesia en cada generación.

El lema de los estudios cristianos siempre ha sido: "La fe busca el entendimiento".

¿CÓMO puedo hacerlo vida?

- *Nombren una de sus costumbres o tradiciones favoritas. ¿Cómo podría ser malinterpretada por alguien de otro lugar u otra época?*

- *¿Cuál es mi pasaje bíblico favorito? ¿Hay alguna parte de la Biblia que me haya confundido? ¿Por qué?*

- *A veces, las personas sienten que la Biblia no es realmente "suya". Se ha sugerido que subrayar los pasajes favoritos o escribir pensamientos al margen puede hacer que sientan la Biblia como propia. ¿Qué otra sugerencia podría dar?*

Desarrollando el amor por la palabra de Dios en la liturgia

Por encima de todo, los católicos consideramos que leer la Biblia es muy importante porque es la palabra de Dios. Un mensaje de alguien que nos ama muchísimo y quiere decírnoslo. Existen muchas maneras de encontrar ayuda en la interpretación de este mensaje. Una de las más importantes es la Liturgia de la Palabra, durante la celebración eucarística.

Cuando la Biblia es leída y predicada en la comunidad de los fieles (la Iglesia), quienes escuchan con atención y reverencia pueden llegar a conocer la voluntad de Dios para ellos. Entran en contacto personal con Dios quien, mediante la Biblia, se comunica con ellos. En verdad, la Liturgia de la Palabra es Dios que nos habla.

En la Misa los católicos recuerdan lo que Jesús hizo en la Última Cena. Han obedecido durante 2,000 años las palabras de Jesús: "Hagan esto en conmemoración mía". Cada vez que los católicos asisten a Misa, saben que están ahí para cumplir el mandato de Jesús. Y creen que en esa acción Jesús se hace presente para ellos.

La Liturgia de la Palabra es como un continuo estudio bíblico. Las lecturas del domingo están organizadas de tal manera que, en un período de tres años, se lee prácticamente todo el Nuevo Testamento y una variada selección de textos del Antiguo Testamento. El Primer Domingo de Adviento comienza un nuevo ciclo litúrgico. Los evangelios para el ciclo A generalmente son de Mateo; para el ciclo B son de Marcos y para el ciclo C de Lucas. El Evangelio de Juan generalmente se lee durante la Pascua, la Navidad y para completar partes del ciclo B, porque el Evangelio de Marcos es corto.

La Primera Lectura siempre se toma de los libros del Antiguo Testamento, excepto durante el tiempo de la Pascua de Resurrección. En general, esta lectura nos dice cómo Dios ha actuado en el pasado con el Pueblo elegido. Casi siempre tiene relación con la lectura del evangelio.

> *La Liturgia de la Palabra es como un continuo estudio bíblico.*

El Salmo Responsorial se recita después de la Primera Lectura. Originalmente los salmos se escribieron como oraciones a Dios. Algunos se le atribuyen al rey David. En la Primera Lectura Dios nos ha hablado y ahora, con el Salmo, participamos en un diálogo de oración muy poderoso.

La Segunda Lectura es tomada de los escritos de Pablo o de una de las otras cartas del Nuevo Testamento. Esta lectura no siempre se relaciona directamente con la Primera o con el Evangelio. Su propósito es ofrecernos continuo contacto con estos escritos importantes.

Debido a que el Evangelio contiene las palabras Jesús en persona, siempre se destaca con símbolos propios.

El verso del Aleluya antes del Evangelio (o la aclamación durante el tiempo de Adviento y la Cuaresma) son para hacer hincapié en la presencia de Jesús en la palabra de Dios.

La homilía que sigue al Evangelio continúa proclamando lo que hemos oído en las Escrituras: la Buena Nueva. Jesús no es parte de la historia, sino de la actualidad. La homilía tiene un propósito específico: explicar las Escrituras y su relación con nosotros hoy.

Algunas veces, como oyentes, nos sentamos esperando escuchar una homilía maravillosa que va a cambiar nuestra existencia. Si todas nuestras expectativas se centran en el predicador, corremos el riesgo de pasar por alto a la única persona que tiene el poder de cambiar nuestra vida para siempre.

Esa persona es Cristo que viene, en sus propias palabras, "inclusive cuando escuchan". La actitud con que escuchamos es esencial. Escucha activamente tanto el Evangelio como la homilía. Ten hambre de la visión y del llamado de Cristo.

¿CÓMO puedo hacerlo vida?

- *¿Tengo algún pasaje favorito en los evangelios? ¿Por qué? ¿Qué es lo que me dice acerca de Jesús?*

- *¿Cuál es para mí, el punto culmen de la Misa? ¿Me siento nutrido espiritualmente por la liturgia? ¿Por qué sí o por qué no?*

Concluya la sesión con esta oración para leer la Biblia:

O Dios, que tus palabras se queden en mi mente,
en mis labios y en mi corazón.
Ante mi pena o mi gozo,
que tu mensaje de amor nunca me deje.
Todos los gozos han sido escritos,
y todas las penas han sido consoladas
*   por tu santa Palabra,*
preservada para siempre,
mientras cada capítulo y cada versículo se revelan.

MATERIAL COMPLEMENTARIO

Alfaro, Juan. *Conozca a Jesús: ¿Qué nos dicen de él Mateo, Marcos, Lucas y Juan?* Libros Liguori.

Dowling, John B. *Abramos la Biblia con la familia*. Libros Liguori.

Lukefahr, Oscar. *Guía católica para la Biblia*. Libros Liguori.

Parker, W. (Edit.). *Caminando por la Biblia*. Libros Liguori.

Oración final: Dios bondadoso, te damos gracias por el don de tu Iglesia. Ayúdanos a vernos como miembros valiosos del cuerpo de Cristo, cada cual con los dones y talentos que aportamos a la comunidad de fe. Abre nuestros ojos a la belleza de tu obra en todas las personas y en todos los lugares, y danos la gracia de crecer en la fe y el amor. Amén.

SESIÓN 5

La vida de Jesús

¿QUIÉN? ¿Quién se encuentra al centro de la fe católica y es el fruto bendito del vientre de la Virgen María?

¿QUÉ? ¿Qué significa que Jesús nos "revela" a Dios?

¿CUÁNDO? ¿Cuándo comenzó la tradición de venerar a los santos?

¿DÓNDE? ¿De dónde creen los católicos que viene todo el poder, el amor, la curación y la gracia?

¿POR QUÉ? ¿Por qué honramos y respetamos a María, la madre de Jesús?

Canto de entrada: La sesión comienza con un canto litúrgico conocido.

Oración inicial: Dios Creador, nos has llamado a esta comunidad conocida como la Iglesia católica. Bendice nuestro trabajo durante la sesión de hoy, para que entendamos mejor quiénes somos y de dónde venimos como miembros de la Iglesia. Abre nuestra mente y nuestro corazón a tu palabra y a las palabras de los que nos hemos reunido hoy. Inspíranos con tu espíritu y guíanos en el camino de Jesucristo, nuestro Señor. Amén.

Lectura: Marcos 8:27–30

A continuación se tiene una reflexión en silencio durante algunos minutos.

¿Quién es Jesucristo?

La fe católica se compone de diferentes doctrinas y creencias. Podemos pensar individualmente en cada doctrina de nuestra fe, pero no podemos separar ninguna de nuestras creencias de las demás. Cada una se relaciona con las otras para formar una imagen completa. La imagen que forman es la del mismo Cristo.

Jesucristo es quien da significado a nuestra fe. Él es su centro vivo. Fundamos nuestra fe en la persona viviente de Jesucristo. Jesús no es una persona común y corriente. Las investigaciones históricas han establecido la fecha aproximada y el lugar de su nacimiento. Sin embargo esos detalles no explican por qué hoy más de 2 mil millones de personas en todo el mundo se consideran cristianas—seguidoras de Jesús.

Las investigaciones no explican por qué miles de años después de su muerte, Jesús continúa influyendo en la vida de tantas personas. En la historia de la humanidad Él se destaca como un personaje único. Debido a que nunca ha habido otro como él, nos resulta imposible describirlo.

Sólo Jesús puede revelar el secreto de su propia persona. Para entenderlo debemos dejar a Jesús hablar por sí mismo.

¿Cómo se describe Jesús a sí mismo? Hay varios pasajes en el Evangelio de san Juan que responden esta pregunta: Juan 6:48, Juan 11:25, Juan 8:12, Juan 4:25–26, Juan 10:14–15, Juan 15:1

Jesús también se describe a sí mismo como "el Camino, la Verdad y la Vida" (Juan 14:6). Si examinamos a fondo esta declaración, podemos aprender mucho de Jesús de Nazaret, el Dios encarnado.

Jesús es el Camino.

"¿De dónde eres?" A menudo hacemos esta pregunta al conocer a alguien. Precisamente esta pregunta preocupaba a todos los que conocieron a Jesús: ¿Puede salir algo bueno de Nazaret?" (Juan 1:46) "¿De dónde le viene todo esto…? no es más que el carpintero, el hijo de María…" (Marcos 6:2–3).

A quienes lo seguían él respondió: "alí del Padre y vine al mundo. Ahora dejo el mundo y vuelvo al Padre" (Juan 16:28). Lo que hace único a Jesús no radica únicamente en sus enseñanzas. Jesús es único porque es el Hijo de Dios. Esto fue lo que Él mismo afirmó. Nuestra fe en Cristo, como el "Camino" al Padre, nos permite compartir la vida de la Trinidad.

Jesús es la Verdad.

¿Qué queremos decir cuando afirmamos que Jesús nos "revela" a Dios? ¿Acaso afirmamos que Jesús, puesto que viene de Dios, nos puede dar información que no podríamos obtener de otro modo? Jesús dice, hablando de sí mismo: "Yo soy la Verdad", no "yo digo la verdad" o "yo revelo la verdad", sino "yo soy la Verdad".

Jesús no sólo pidió a la gente que creyera en su mensaje, ¡sino que creyera en Él! Y eso era algo completamente nuevo. Los profetas y maestros también habían proclamado mensajes, pero ninguno había exigido que creyeran en ellos.

En Jesús, la presencia de Dios se hace realidad para todos. Jesús es el Hijo de Dios—enviado al mundo por su Padre. Este sorprendente hecho se revela a través de todo lo que Jesús dijo e hizo. Él nos revela a Dios en cada una de sus palabras y en cada una de sus acciones. Jesús nos demuestra, en términos humanos, cómo es Dios.

Jesús es la Vida.

No podemos olvidar que nuestro mayor tesoro—la vida misma—es algo muy frágil. El salmista dijo: "Más comprada su vida nadie tiene, ni a Dios puede, con plata, sobornarlo, pues es muy caro el precio de la vida" (Salmo 49:8–9).

Ante la muerte todos somos impotentes. Esta conciencia fue lo que intensificó en los judíos el deseo de tener un salvador. Anhelaban el don de la vida eterna. En el comienzo de su vida pública, Jesús dijo: "yo he venido para que tengan vida y la tengan en plenitud" (Juan 10:10). Y con el paso del tiempo, fue explicando a sus seguidores que lo que importa es la vida eterna.

¿CÓMO puedo hacerlo vida?

- *Tomando en cuenta mi manera de pensar y actuar, ¿qué es lo que considero el centro de mi vida?*

- *¿De qué manera Jesús ha sido el Camino en mi vida? ¿La Verdad? ¿La Vida?*

- *¿Qué pasaje de los evangelios mencionados en esta sección me muestra a Jesús más claramente?*

Diciendo "sí" a Jesús

Cristo nos ha llamado a seguirlo. ¿Cómo vamos a responder?

Jesús invitó a muchas personas a ser sus discípulos, a tomar el camino de la cruz con Él, a continuar la misión en su ausencia. Como nos dice el Evangelio, algunos respondieron con mucho entusiasmo: antiguos discípulos de Juan Bautista, pescadores galileos, cobradores de impuestos—personas muy diferentes— aceptaron su llamado a seguirlo.

Sin embargo, no todos dijeron sí a Jesús. Los evangelios narran varios relatos de posibles discípulos que rehusaron comprometerse con Cristo. Desperdiciaron la gran oportunidad de su vida. ¿Dónde radica la diferencia? ¿Qué hizo la diferencia entre "quizá" seré tu discípulo y "sí" seré tu discípulo?

"Sí, pero…"

Los Evangelios de Mateo y Lucas describen el encuentro de Jesús con quienes afirman querer seguir a Jesús, pero aún no. "Señor, deja que me vaya y pueda primero enterrar a mi padre" (Mateo 8:21). "Te seguiré, Señor, pero antes déjame despedirme de mi familia" (Lucas 9:61).

Declaran su disposición de seguir a Cristo, pero cuando les sea conveniente. Iban a aceptar la invitación de Cristo según su conveniencia. Jesús les respondió: "Deja que los muertos entierren a sus muertos.… El que pone la mano en el arado y mira hacia atrás, no sirve para el Reino de Dios" (Lucas 9:60–62).

Quienes acepten la llamada de Jesús deben hacerlo pronto y con mucho entusiasmo, dando a la llamada una prioridad máxima. Los pescadores galileos "lo dejaron todo y siguieron a Jesús" (Lucas 5:11). Mateo, el cobrador de impuestos, "se levantó, lo dejó todo y empezó a seguirlo" (Lucas 5:28). Nuestras familias, nuestras carreras y nuestras relaciones personales cobran verdadero significado cuando seguir a Cristo es lo más importante en nuestras vidas.

Estas palabras son muy difíciles de aceptar.

¿Cuál es nuestra reacción al leer un comentario de Jesús que nos hace sentir incómodos? En el capítulo 6 del Evangelio de Juan, leemos el discurso del "Pan de Vida". En él, Jesús predice la institución del sacramento de la Eucaristía: "El que come mi carne y bebe mi sangre vive de vida eterna… Mi carne es verdadera comida y mi sangre es verdadera bebida. El que come mi carne y bebe mi sangre permanece en mí y yo en él" (Juan 6:54–56).

Algunos de los discípulos de Jesús al principio reaccionaron con agitación: "¡Este lenguaje es muy duro! ¿Quién querrá escucharlo?" (v. 60). Cuando Jesús se negó a modificar sus afirmaciones, "…muchos de sus discípulos se volvieron atrás y dejaron de seguirle" (v. 66). Seguían a Jesús cuando sus enseñanzas eran lo que ellos esperaban. Si Jesús desafiaba lo que ellos daban por seguro y se rehusaba a decirles lo que querían oír, entonces lo abandonaban. Su necedad y falta de fe mellaron el compromiso inicial con Jesús.

Por el contrario, cuando Jesús preguntó a los Doce: "'¿Quieren marcharse también ustedes?' Pedro le contestó: 'Señor, ¿a quién iríamos? Tú tienes palabras de vida eterna. Nosotros creemos y sabemos que tú eres el Santo de Dios'" (v. 67–69). La fe de los Doce no solamente mantuvo su aceptación de Cristo sino que incluso la reforzó. Mientras tanto, otros lo abandonaban, escandalizados y confundidos.

"Él se fue triste…"

De todos los encuentros que Jesús tuvo con posibles discípulos, quizá el más conmovedor es su conversación con el joven rico. El joven preguntó: "'Maestro bueno, ¿qué tengo que hacer para conseguir la vida eterna?' Jesús le dijo: '¿Por qué me llamas bueno? Nadie es bueno, sino sólo Dios. Ya conoces los mandamientos: No mates, no cometas adulterio, no robes, no digas cosas falsas de tu hermano, no seas injusto, honra a tu padre y a tu madre.' El hombre le contestó: 'Maestro, todo eso lo he practicado desde muy joven.' Jesús fijó su mirada en él, le tomó cariño y le dijo: 'Sólo te falta una cosa: vete, vende todo lo que tienes y reparte el dinero entre los pobres, y tendrás un tesoro en el Cielo. Después, ven y sígueme.' Al oír esto se desanimó totalmente, pues era un hombre muy rico, y se fue triste" (Marcos 10:17–22).

Aunque el joven había observado todos los mandamientos de la ley, su lealtad principal era con sus posesiones personales. Necesitaría un extraordinario acto de fe para reconocer que la verdadera identidad, la verdadera seguridad sólo vienen de un compromiso interno con Cristo. El joven no pudo arriesgarse, no tuvo la fe necesaria en Jesús. No estaba seguro de que lo que encontraría en Cristo y en su propio interior sería suficiente para compensar las posesiones que dejaría. Así que se fue triste.

"Les digo que no conozco a ese hombre…"

Probablemente la pérdida más triste de Jesús fue cuando, después de ser arrestado, sus mejores amigos lo abandonaron. Pedro, que había jurado morir con Él, negó por tres veces conocer a Jesús.

Los discípulos esperaban gozar de fama y poder si seguían a Jesús. Después de todo, Él era el Mesías. Eso significaba que llevaría a Israel a la gloria. Ellos no estaban preparados para la verdad que trajo la cruz.

Ninguno de los Doce, excepto Juan, estuvo presente en la crucifixión o el entierro de Jesús. Precisamente cuando Jesús más los necesitaba, lo abandonaron y se escondieron en una habitación. Jesús debió haberse sentido muy triste al ver a todos los discípulos darle la espalda y abandonarlo. Por miedo, inseguridad, falso orgullo, arrogancia, complacencia—tantos motivos como personas—los posibles discípulos vacilaron en dar el "sí". Y finalmente, se rehusaron a seguir al único que de verdad podía hacerlos felices, satisfacerlos, dirigirlos en la vida.

Probablemente cada uno de nosotros tiene algo de posible discípulo—una parte donde cada uno de nosotros experimenta la duda, el desaliento o la confusión en nuestra relación con Dios, con la familia o con la Iglesia. A veces experimentamos la tentación de buscar nuestra seguridad en otro lugar y no en Cristo y en su amor por nosotros. Hay ocasiones en que las exigencias de ser discípulos parecen muy estrictas, inconvenientes, incómodas o poco razonables.

Cuando nos damos cuenta de que hemos vacilado y queremos regresar, es el momento de pensar en todos los discípulos que huyeron y después regresaron. Igual que Pedro, nuestra actitud puede cambiar de "No lo conozco" a "Señor, tú sabes que te amo". Pero entonces tenemos que aceptar el costo de ser discípulos, tal como Pedro lo hizo.

No hay duda de que es muy difícil darle a Cristo un "sí" incondicional para aceptar, con todo el corazón, la cruz que nos pide cargar con Él. Sin embargo, podemos pedir al Señor que nos ayude a tener fe, a eliminar el orgullo, la inseguridad, el egoísmo o la apatía que pueden paralizarnos como discípulos. De esa manera podremos darle un sí generoso y nunca tendremos que preguntarnos, con tristeza o con pesadumbre, ¡lo que hubiera podido ser!

¿CÓMO puedo hacerlo vida?

- *Revisemos los eventos que podrían suceder mañana en nuestra vida: decisiones que tomar, actividades que disfrutar, personas con quien hablar… Elijamos uno y examinémoslo. ¿Cuán importante es para mí? ¿Cuán importante es para el reino de Dios?*

- *¿Evitamos la cruz? ¿Le damos la espalda al sufrimiento que nos rodea y nos encerramos en nuestra propia ignorancia?*

María

En la Biblia, hay una sola mujer descrita con estas palabras: "¡Bendita tú eres entre las mujeres y bendito el fruto de tu vientre!" (Lucas 1:42).

A lo largo de los años, los católicos han atesorado la verdad de lo que Isabel le dijo a María. En el centro de la fe católica está Jesucristo, quien es el fruto bendito del vientre de María. Cerca de Jesús e inseparable de Él está María, su madre.

Isabel la llamó Madre del Señor (Lucas 1:43). Dios, con su maravilloso plan de Redención, le hizo un llamado basado en su fe, su esperanza y su amor. Ella consintió: "... hágase en mí tal como has dicho" (Lucas 1:38). Gracias a que ella dijo "sí", Cristo nació y nosotros fuimos redimidos.

Por eso tiene sentido que quienes reconocen a Jesucristo como su Señor, también honren y respeten a su madre, María.

Dios Padre honra a María. El ángel Gabriel, enviado de Dios, anuncia: "Alégrate, llena de gracia, el Señor está contigo.... porque has encontrado el favor de Dios" (Lucas 1:28,30). Dios honra a María eligiéndola y permitiendo que la plenitud de la divinidad tomara forma humana en ella.

Jesucristo, el Hijo de Dios, honra a María. Él la escogió para ser su madre. Al principio de su ministerio Jesús convierte agua en vino en una boda en Caná, porque su madre se lo pide (vean Juan 2:1–11).

Los primeros discípulos honraron a María. Ella oró con ellos esperando la venida del Espíritu (vean Hechos 1:14). Así como Jesús nace de María en Belén, la Iglesia de Jesucristo nace el día de Pentecostés estando María presente.

La primera Iglesia cristiana honró a María. María se convirtió en una figura a quien se demostraba devoción popular entre las primeras comunidades cristianas. Aproximadamente desde el año 150 d.C., la gente pintaba imágenes de María cargando al niño Jesús en las catacumbas de Roma.

La razón fundamental para honrar a María es el amor. Si amamos a Jesucristo y creemos que Él es nuestro Señor y Salvador, entonces amamos a María, su madre, porque ella le dio la vida, lo crió y lo cuidó hasta que él comenzó su ministerio público.

Respetamos a nuestros antepasados y a otras figuras públicas, construyendo edificios en su nombre y exhibiendo estatuas de ellos. De la misma manera exhibimos estatuas e imágenes de María, nuestra Madre amada y damos su nombre a algunas iglesias. Cuando hacemos estas cosas, no adoramos a María. Sólo Dios es digno de adoración. María es hija de Dios, una criatura y sierva de Dios.

Consideramos que María es una poderosa intercesora ante Dios por estar tan unida con Él. Por lo tanto, pedimos a María que ruegue a Dios por nosotros. Al elevar nuestra petición a María, compartimos su santidad y tenemos a alguien que está muy cerca de Jesús y reza por nosotros.

Los católicos creemos que todo el poder, todo el amor, toda la sanación, todas las gracias vienen sólo de Dios. Por eso rezamos así cuando decimos el Ave María: "Santa María, Madre de Dios, ruega por nosotros, pecadores, ahora y en la hora de nuestra muerte". Nosotros simplemente pedimos que María presente nuestras oraciones, nuestras necesidades, a Dios. Cuando alabamos a María, alabamos a Dios y le agradecemos por el poder y el amor que Dios otorga y demuestra a María.

Entre las diferentes maneras de honrar a María está el rezo del rosario, devoción que data del siglo IX. Honramos a María invocando su intercesión, pero la honramos aún más imitando sus virtudes. El Papa Pablo VI nos anima a hacerlo: "Ella se muestra como un ejemplo a los fieles en la manera en que, en su propia vida, aceptó total y responsablemente la voluntad de Dios, porque ella oyó su Palabra y la puso en práctica y porque la caridad y el espíritu de servicio fueron la fuerza motriz de sus acciones. Ella es digna de imitación porque fue la primera y la más perfecta discípula de Cristo. Todo esto tiene un valor permanente, universal y ejemplar" (Sobre la devoción a la Bienaventurada Virgen María, #35).

Debido a que María es la Madre de Jesús, es también la Madre de Dios. Como declaró el Concilio Vaticano Segundo: "Efectivamente, la Virgen María, que al anuncio del ángel recibió al Verbo de Dios en su alma y en su cuerpo y dio la Vida al mundo, es reconocida y venerada como verdadera Madre de Dios y del Redentor" (Lumen Gentium #53).

No significa que María sea la fuente de la naturaleza divina de Jesús, sino que fue la madre de su naturaleza humana y que en ningún momento Jesús dejó de ser Dios. La segunda persona de la Trinidad existió por siempre, pero cuando "el Verbo se hizo carne", Jesús fue al mismo tiempo humano y divino a partir del momento de su concepción. María no fue la madre de un ser humano adoptado por Dios. Ella fue la Madre de Jesucristo, Dios y hombre. Por eso es apropiado llamar a María, "Madre de Dios".

Otra verdad católica muy importante acerca de María, es que ella nos fue dada como madre. Cuando Jesús estaba en la cruz, dijo a María: "Mujer, ahí tienes a tu hijo". Después dijo al discípulo: "Ahí tienes a tu madre" (Juan 19:26). La mayoría de los teólogos afirma que el discípulo representa a todos los cristianos y que María, a su vez, es presentada como madre de todos los cristianos. Por ello la Iglesia llama a María "Madre de la Iglesia".

Más aún, María continúa esta oración perseverante con y por la Iglesia. Elevada al cielo, ella no dejó de interceder por nosotros, que somos sus hijos conforme la voluntad de Cristo.

El Papa Pablo VI afirmó: "María, dedicada completamente a la voluntad de Dios, no fue una mujer tímida y sumisa; por el contrario, ella no vaciló en proclamar que Dios eleva a los humildes y a los oprimidos.... Ella fue una mujer fuerte que experimentó la pobreza y el sufrimiento, la persecución y el exilio..., y su acción ayudó a fortalecer a la comunidad apostólica en Cristo".

Estas cualidades son tan necesarias hoy en día, como lo fueron en la época de María.

En alabanza de todo lo que Dios había hecho por ella, María rezó en su Magnificat (Lucas 1:46–55): "Desde ahora todas las generaciones me llamarán feliz. El Poderoso ha hecho grandes cosas por mí". Nos sentimos orgullosos de ser contados entre las generaciones que llaman bendita a María.

¿CÓMO puedo hacerlo vida?

- *Busquen en las Escrituras algunos de estos pasajes acerca de María: Lucas 1:26–38 (La Anunciación); Lucas 1:39–56 (La Visitación); Lucas 2:1–21 (El nacimiento de Jesús); Juan 2:1–12 (Las bodas de Caná); Juan 19:25–27 (Al pie de la cruz). ¿Qué cualidad de María puedo admirar en estos pasajes?*

- *¿Cómo puedo imitar una de las cualidades de María?*

- *¿Cómo me imagino la vida de María, teniendo en cuenta lo que sabemos acerca de su historia, de sus antecedentes, de su cultura y de su ambiente?*

Los santos

La palabra que usan en la iglesia ortodoxa para un santo es "prepodobnia" y significa "muy, muy parecido". Es una buena descripción de lo que Jesús intentó decir cuando habló de la "vida verdadera". Si queremos obtener la vida eterna, tenemos que parecernos mucho a Jesús.

Los santos son personas que vivieron como Jesús vivió. Son personas reales que tuvieron vidas santas que podemos imitar. Al honrar a los santos, la Iglesia asegura que todo el mundo puede aprovechar la gracia con la que Dios ha obrado por medio de estas personas.

Los santos no son ermitaños que se alejaron del mundo. No son personas que nunca cometen errores, nunca fracasan y nunca se enojan. A los santos les gusta reír y divertirse. La alegría de los santos viene del amor que sienten por Dios y de la fe que les asegura que Dios los ama.

Estas personas son santas porque se enfrentaron a sus errores, a sus problemas y a sus alegrías con un profundo amor por Dios y con un sincero deseo de cumplir en todo la voluntad de Dios sin importar el precio.

Desde su comienzo, la Iglesia comenzó a honrar a los santos. En realidad, esta práctica vino de una tradición judía muy antigua que honraba a los profetas y a los santos con santuarios. Los primeros santos fueron los mártires, quienes habían dado su vida por la fe, durante la persecución de los cristianos.

Al principio, se reconocía a los santos por aclamación popular. Aunque era muy democrático, este modo de proceder causó algunos problemas. Había quienes veneraban santos que eran sólo leyendas o inventaban historias de los santos. Ya para el siglo X los obispos y el Papa asumieron la autoridad de aprobar a quienes debían ser considerados santos. El proceso que la Iglesia usa para reconocer la santidad de una persona se llama canonización.

El proceso de canonización comienza una vez muerto el católico que será considerado santo. Se examina la vida de la persona para ver si fue mártir, si su virtud fue heroica, si su doctrina fue ortodoxa y si tuvo fama de santidad. También tiene que haber evidencia de algún milagro ocurrido después de su muerte, como resultado de peticiones específicas. Estos milagros son prueba de

> *Sin duda, lo mejor de los santos es que todo el mundo, incluido yo, está llamado a ser santo.*

que la persona está en el cielo y puede interceder por nosotros.

El título de santo nos dice que la persona vivió una vida ejemplar, que está en el cielo y que la Iglesia universal debe venerarla. Es importante recordar que la canonización no "hace" que una persona sea santa, únicamente reconoce lo que Dios ya ha hecho. La canonización es un proceso largo y difícil. Por eso, aunque toda persona canonizada es santa, no todas las personas santas han sido canonizadas.

Debido a que los canonizados vivieron santamente y están cerca de Dios en el cielo, sentimos que su intercesión es muy efectiva. A menudo pedimos a ciertos santos que recen por nosotros porque entienden nuestro problema. Por ejemplo, mucha gente pide a Santa Mónica su intercesión cuando sus oraciones parecen no tener respuesta. El motivo es que Mónica rezó durante veinte años para que su hijo, Agustín, se convirtiera.

Sin duda, lo mejor de los santos es que todo el mundo, incluido yo, está llamado a ser santo.

Posiblemente ustedes piensen que no son santos porque no han hecho nada extraordinario, pero ese no es un motivo válido. La santa a quien el Papa Pío XI llamó "la santa más grande" fue Teresita del Niño Jesús. Era una monja carmelita que vivió en un claustro y que murió a los 24 años. La razón por la que muchas personas a lo largo del mundo la admiran es precisamente que no hizo nada que el mundo considerara importante, sino que encontró la santidad en las cosas cotidianas.

Hay santos que sólo vivieron doce años y santos que llegaron a los cien. Hay santos y beatos de todas las razas y culturas, como Martín de Porres, Kateri Tekakwitha, Juan Diego y Paul Miki.

Hay santos que sufrieron impedimentos físicos como Julia Billiart quien, aunque no pudo caminar durante 20 años, enseñó, organizó huelgas y escondió sacerdotes durante una persecución en Francia. Otros santos como San Juan de la Cruz crecieron sin hogar. Y santas como Isabel de Hungría que fueron reinas.

Para cada excusa que puedan imaginar, Dios ha hecho un santo que superó ese obstáculo. Lo único que puede impedirnos ser santos es que no quererlo. ¿Desean cumplir la voluntad de Dios? ¿Desean ser transformados por Dios?

Dorothy Day, la fundadora del Movimiento de los Trabajadores Católicos, dijo: "Todos somos llamados a ser santos. Dios espera de cada uno de nosotros algo que ninguna otra persona podrá hacer. Si no lo hacemos no se hará".

¿CÓMO puedo hacerlo vida?

- *Describamos una persona que consideremos santa. ¿Cómo ha afectado mi vida la manera de vivir de esta persona?*

- *¿He pedido alguna vez a alguien que rece por mí cuando he tenido algún problema? Si la respuesta es afirmativa, ¿por qué elegí a esa persona?*

- *¿Estoy dispuesto a ser santo?*

Concluya la sesión con este Cántico de María (Lucas 1:46–51):

"María dijo entonces:
Proclama mi alma la grandeza del Señor,
y mi espíritu se alegra en Dios mi Salvador,
porque se fijó en su humilde esclava, y desde ahora
todas las generaciones me llamarán feliz.
El Poderoso ha hecho grandes cosas por mí:
¡Santo es su Nombre!
Muestra su misericordia siglo tras siglo
a todos aquellos que viven en su presencia.
Dio un golpe con todo su poder:
deshizo a los soberbios y sus planes."

MATERIAL COMPLEMENTARIO

Altemose, Charlene. *Lo que debemos saber sobre los santos.* Libros Liguori

Burgaleta, Claudio M. *Manual de la cristología para los católicos de hoy.* Libros Liguori.

Elizondo, Virgilio. *Virgen y Madre: Reflexiones bíblicas sobre María de Nazaret.* Libros Liguori.

Guerrero, José Luis. *Conozca a Nuestra Señora de Guadalupe: Una nueva interpretación de la historia, de las apariciones y de la imagen.* Libros Liguori.

Los Redentoristas. *María en Latinoamérica: El recorrido de la siempre fiel.* Libros Liguori.

Oración final: Dios bondadoso, te damos gracias por el don de tu Iglesia. Ayúdanos a vernos como miembros valiosos del cuerpo de Cristo, cada cual con los dones y talentos que aportamos a la comunidad de fe. Abre nuestros ojos a la belleza de tu obra en todas las personas y en todos los lugares, y danos la gracia de crecer en la fe y el amor. Amén.

Los sacramentos: Parte 1

¿QUIÉN? ¿A quién recibimos en la Sagrada Comunión y cómo nos afecta?

¿QUÉ? ¿Qué es un sacramento?

¿CUÁNDO? ¿Cuándo fue reestablecido el antiguo proceso del catecumenado en la Iglesia?

¿DÓNDE? ¿De dónde proviene la tradición del sacramento de la Confirmación y qué significa para los católicos?

¿POR QUÉ? ¿Por qué debemos ser bautizados antes de poder recibir cualquier otro sacramento?

Canto de entrada: La sesión comienza con un canto litúrgico conocido.

Oración inicial: Dios Creador, nos has llamado a esta comunidad conocida como la Iglesia católica. Bendice nuestro trabajo durante la sesión de hoy, para que entendamos mejor quiénes somos y de dónde venimos como miembros de la Iglesia. Abre nuestra mente y nuestro corazón a tu palabra y a las palabras de los que nos hemos reunido hoy. Inspíranos con tu espíritu y guíanos en el camino de Jesucristo, nuestro Señor. Amén.

Lectura: Juan 15:12–17

A continuación se tiene una reflexión en silencio durante algunos minutos.

¿Qué es un sacramento?

Todos sabemos que el amor es algo real. Podemos experimentarlo, aunque no es un objeto físico. No podemos dar un "pedazo" de amor a nadie, pero sí podemos demostrarlo con un abrazo, con flores o haciéndole un favor a alguien que queremos. Las palabras, los gestos y los objetos utilizados se convierten en señales de amor.

Jesús usa señales concretas—los sacramentos—para demostrar su amor. Los sacramentos son las acciones salvadoras de Cristo, funcionando en el mundo de hoy. Ya no tenemos el cuerpo físico de Cristo, pero nos quedan sus palabras y sus acciones. Conservan el poder de Cristo puesto que se trata de las palabras y acciones del Cuerpo místico de Cristo que está lleno del Espíritu—la Iglesia.

Hay siete sacramentos: el Bautismo, la Confirmación, la Eucaristía, la Reconciliación, el Orden Sacerdotal, el Matrimonio y la Unción de los enfermos.

En el sentido más general, cualquier persona, evento o cosa que nos lleve a un encuentro con Dios o a una experiencia más profunda de Él, es un tipo de sacramento. Esta perspectiva no sólo aumenta nuestra conciencia de la presencia de Dios, sino que paradójicamente, da una nueva perspectiva a la definición más estricta de sacramento.

De repente, encontramos en los siete sacramentos oficiales aspectos que nunca antes habíamos notado. Por ejemplo, podemos pensar en la manera en que estos sacramentos se originaron.

Los sacramentos comenzaron con una experiencia humana de las personas que seguían a Jesús. Encontraron a Dios de una manera nueva en su contacto personal con Cristo. De acuerdo con la definición más general, eso hace que el mismo Jesús sea un sacramento. De hecho, el sacramento para sus discípulos. Fue sólo por Él que los discípulos llegaron a conocer al Padre (vean Juan 8:19; 14:6–10).

Al hacer eso, los primeros cristianos actuaron igual que sus antepasados, los hebreos. Por ejemplo, los eventos de la historia del Éxodo demostraron a los israelitas que Dios se preocupaba verdaderamente por su bienestar. Para que las futuras generaciones no lo olvidaran, los mayores contaban una y otra vez las historias antiguas, y siempre en el mismo orden. En otras palabras, aquellas historias que siempre se contaban de la misma manera, con símbolos muy significativos y llenas de acciones interpretativas se convirtieron en un ritual muy apreciado: la fiesta de la Pascua de los judíos.

Para los judíos devotos (incluyendo a Jesús) significaba que ellos, al igual que sus antepasados, experimentaban el poder salvador de Dios en el presente. Se les ofrecía liberarlos de cualquier cosa que los esclavizara y se les invitaba, en ese momento, a entrar al reino de Dios.

Cuando los discípulos contaban sus historias extraordinarias, no sólo usaban palabras, sino que también se valían de acciones simbólicas. En otras palabras, desarrollaron rituales muy importantes. Por ejemplo, los primeros cristianos recordaban cómo Jesús, a menudo había invitado a todos a comer con Él. Sabemos que esta confraternidad llegó a su culmen con una comida muy especial llamada la Última Cena.

¿Cómo podían olvidar estas cosas a los discípulos? De ninguna manera, especialmente después de que Jesús les había ordenado recordarlas. Por eso también los encontramos en la "fracción del pan" compartiéndolo con otras personas.

De ésta y de otras maneras, los discípulos continuaron lo que Jesús había hecho. Oraban e imponían las manos, sanaban y perdonaban—igual que habían visto a Jesús hacerlo. Así como Jesús había sido el sacramento de Dios para ellos, ellos, los miembros de su Iglesia, se convertían en el sacramento de Jesús para los demás.

Así como Jesús había usado una vez su cuerpo humano para llevar a cabo la misión encomendada por el Padre, ahora usaría a los miembros de su Iglesia como instrumentos de salvación. El Señor resucitado podría hacer esto de una manera directa y concreta por medio de siete rituales especiales: los sacramentos de la Iglesia católica.

Los sacramentos funcionan como símbolos, es decir, efectúan o realizan lo que simbolizan. Por ejemplo, el ritual del bautismo simboliza el alma que es limpiada de "la mancha" del pecado original. Y al mismo tiempo Dios realiza esa limpieza.

Los sacramentos de la Iglesia surgieron de experiencias de la vida y continúan debido a una relación que no termina. Los primeros cristianos no pensaban en Cristo con nostalgia. ¿Por qué iban a hacerlo? Su fe les

> *Los sacramentos son las acciones salvadoras de Cristo, funcionando en el mundo de hoy.*

decía que su Señor no se había ido: todavía estaba con ellos en Espíritu.

Por lo tanto, es esencial comprender los símbolos. Los sacramentos son el don amoroso de Cristo a su Iglesia. Ignorarlos es una locura. Sería como si una persona que estuviera muriendo de hambre, se rehusara comer en un banquete.

Piensen en sus relaciones con otras personas—cómo dan significado a su vida y son fuente de alegría. Ahora, ¿quién puede saber lo que significaría un encuentro con Jesús mismo?

Las señales de amor mantienen una relación. Participar y responder a las señales de amor de Jesús, los sacramentos, mantienen vivo nuestro encuentro con Dios.

¿CÓMO puedo hacerlo vida?

- *¿Cómo demuestro el amor a las personas que quiero?*

- *¿Cómo me ha revelado Dios su amor?*

- *¿Cómo puedo responder a los sacramentos para mantener estas señales del amor de Dios vivas en el corazón?*

El sacramento del Bautismo

La palabra bautismo significa "zambullida". En el caso del sacramento del Bautismo, es una zambullida en la muerte y resurrección de Cristo.

Jesús dijo que su muerte y su resurrección fueron un bautismo: "Pero también he de recibir un bautismo y ¡qué angustia siento hasta que no se haya cumplido!" (Lucas 12:50).

Aquí está la doble acción de nuestra Redención: Cristo desciende a la tumba por nuestros pecados y luego resucita glorioso, triunfante e inmortal. Pero, ¿cómo nos puede beneficiar este regalo? De alguna manera debemos tener contacto personal con Cristo. Tenemos que tratar de unirnos a su muerte salvadora y a su resurrección. Todo esto lo hacemos en el bautismo.

El apóstol Pablo, en su carta a los romanos, dice lo siguiente: "Por este bautismo en su muerte fuimos sepultados con Cristo, y así como Cristo fue resucitado de entre los muertos por la Gloria del Padre, así también nosotros empezamos una vida nueva" (Romanos 6:4).

Y continúa diciendo: "Sabemos que Cristo, una vez resucitado de entre los muertos, ya no muere más; desde ahora la muerte no tiene poder sobre Él. Así, pues, si hay una muerte para el pecado que es para siempre, también hay un vivir que es vivir para Dios. Así también ustedes deben considerarse a sí mismos muertos para el pecado y vivos para Dios en Cristo Jesús." (Romanos 6:9–11).

Para los cristianos, la comunidad siempre ha sido parte esencial de la vida. Los cristianos forman una comunidad con Cristo en el centro.

El bautismo es la manera de entrar en esa comunidad. Por el bautismo nos convertimos en miembros del cuerpo de Cristo y empezamos a compartir los privilegios y la vida de esta comunidad de creyentes.

Dado que el bautismo confiere el carácter de Cristo, confiere también a los bautizados una parte del sacerdocio de Cristo y el poder de ofrecer el culto. Por eso tenemos que ser bautizados antes de celebrar cualquier otro sacramento.

En los años que siguieron a la muerte de Jesús, la Iglesia estableció el catecumenado. Se trata de un período extenso de preparación (a veces duraba tres años), para asegurarse de la sinceridad de los candidatos y de la buena fundación de su fe. A través de los años, para dar cabida al gran número de personas que se unían a la Iglesia, el período de preparación comenzó a ser más y más corto.

Por el bautismo nos convertimos en miembros del cuerpo de Cristo.

Para la caída del Imperio romano, el bautismo se había convertido en un ritual muy breve para los infantes, simbolizando principalmente el lavado del pecado original. Con el tiempo, los misioneros empezaron a usar este breve ritual para convertir a adultos y algunas veces cientos de personas se bautizaron con poca o ninguna preparación.

Hasta hace poco, los adultos que deseaban ser católicos recibían instrucción privada de parte de un sacerdote. Después de la Segunda Guerra Mundial, la Iglesia africana comenzó a sentir que sus nuevos miembros necesitaban más preparación y revivió el antiguo proceso del catecumenado.

Los resultados fueron tan buenos que en 1972, el "Rito de iniciación cristiana para adultos" (la RICA), reestableció el antiguo proceso del catecumenado para toda la Iglesia. En la actualidad, las personas interesadas en pertenecer a la Iglesia católica se preparan para dar el paso radical de seguir a Cristo y se integran a la vida de la Iglesia al compartir con la comunidad.

El agua es la señal principal del sacramento del Bautismo. Sabemos lo importante que es el agua en la vida. También sabemos que una persona puede vivir sin comida por semanas, pero sólo por unos días sin agua. Los científicos creen que los orígenes de todo ser viviente se remontan a las aguas del océano. También nos dicen que el agua es el componente principal—hasta un 99 porciento—de los tejidos del cuerpo. No en vano nuestro Señor escogió el agua para representar el comienzo de la nueva vida cristiana. Pero el agua nos recuerda también la muerte: las tragedias en el mar y las inundaciones. Ésta es otra razón por la cual nuestro Señor eligió el agua para representar el final de la vida antigua y el comienzo de la nueva vida cristiana.

A menudo Dios utilzó el agua como una señal en la Biblia. El Espíritu de Dios sopló sobre las aguas al principio de la creación. Dios dividió las aguas del Mar Rojo para liberar a los israelitas de la esclavitud y llevarlos a la tierra prometida. Cuando Naamán se lavó en el río Jordán, su lepra desapareció. Agua y sangre salieron del costado de Jesús colgado de la cruz.

Las aguas del bautismo nos recuerdan que Cristo nos ha lavado del pecado y nos ha reconciliado con

Dios. En el bautismo, todos nuestros pecados—incluso el pecado original—desaparecen. Por esa razón las promesas bautismales incluyen la renuncia al pecado y una profesión personal de fe.

Cuando el bautismo se celebra por separado de la confirmación, se unge a los recién bautizados. Se trata de una señal de que Dios "nos ha marcado con su propio sello al depositar en nosotros los primeros dones del Espíritu" (1 Corintios 1:22). Es también señal de que el bautizado comparte el poder real y sacerdotal de Cristo.

Los padrinos visten de blanco al recién bautizado para demostrar que se ha convertido en una nueva creación revestida de Cristo.

Los padrinos encienden una vela del cirio pascual y la presentan al recién bautizado. Esto simboliza que Cristo, la luz del mundo, es también su luz. Y como dice San Pablo, tienen que portarse "como hijos de la luz" (Efesios 5:8).

La Iglesia considera la invitación de Jesús al bautismo (vean Juan 3:5) como la invitación a un amor universal ilimitado, tanto para los niños como para los adultos.

El Rito del Bautismo para niños dice: "Para completar la verdad del sacramento conviene que los niños sean educados después en la fe en que han sido bautizados".

La persona entra "en Cristo" en el momento del bautismo. Significa que en ese momento recibe también el don del Espíritu. "Todos aquellos a los que guía el Espíritu de Dios son hijos e hijas de Dios. Entonces no vuelvan al miedo; ustedes no recibieron un espíritu de esclavos, sino el espíritu propio de los hijos, que nos permite gritar: ¡Abba!, o sea: ¡Padre! El Espíritu asegura a nuestro espíritu que somos hijos de Dios. Siendo hijos, son también herederos; la herencia de Dios será nuestra y la compartiremos con Cristo. Y si hemos sufrido con Él, estaremos con Él también en la Gloria." (Romanos 8:14–17).

Como hijos adoptivos de Dios, los cristianos compartimos la misma relación que Jesús tiene con su Padre—una relación tan íntima que, como Jesús, podemos con toda confianza y libertad llamar al Señor del cielo "Padre".

Cuando una persona es sumergida en la fuente bautismal, sale del agua como una nueva criatura con una nueva vida. Esta nueva vida es el Espíritu Santo, quien crea un hogar en nosotros y nos da el poder no sólo de conocer a Dios, sino de hacer todo lo que Dios quiere.

¿CÓMO puedo hacerlo vida?

- *¿Qué parte de mi vida cambiaría si muriera al pecado y viviera para Dios?*

- *¿Qué significaría para mí una vida nueva "en Cristo"?*

- *Como hijas e hijos herederos de Dios, ¿qué riquezas heredamos? ¿Qué responsabilidades?*

El sacramento de la Eucaristía

La doctrina católica enseña que se trata de una comida y de un sacrificio.

Durante la Última Cena, cuando Jesús cenó por última vez con sus íntimos amigos, explicó con palabras: "Esto es mi cuerpo.... esta es mi sangre", y demostró con acciones, en la fracción del pan, cómo el perdón del Padre y la Nueva Alianza se convertirían en realidad.

Esta cena contenía un mensaje muy poderoso para los discípulos: Si verdaderamente prestaban atención a sus palabras y a sus acciones; si hacían lo que esta cena les exigía, ellos, al igual que Jesús, estarían listos, si fuera necesario, para ofrecer su vidas por los demás.

Estudios de la cultura judía de esa época indican que las palabras de Jesús no habrían sido suficientes para que sus enemigos lo hubieran sentenciado a muerte, ni para que hubieran entregado un judío a las odiadas autoridades romanas. ¿Cuál fue el gran crimen que este rabino rebelde de Galilea había cometido?

Los eruditos ahora creen saber lo que pasó. Lo que escandalizó y enfureció a los líderes judíos fue que Jesús frecuente y conscientemente se sentaba a comer con los rechazados por la sociedad. Lo que les molestaba era que Jesús compartiera la mesa con cualquiera que quisiera comer con Él. Eso significa que comía no sólo con sus seguidores, la mayoría pescadores de Galilea sin educación, sino lo que era peor, insistía en dar la bienvenida incluso a los odiados "cobradores de impuestos y pecadores".

El biblista Norman Perrin dice: "Es difícil imaginar algo más ofensivo para la sensibilidad judía. El haberse convertido en tal rechazado hubiera sido menos ofensivo que el dar la bienvenida a la comunidad a ese tipo de personas… El punto principal del mensaje de Jesús es el reto del perdón de los pecados y la oferta de la posibilidad de una relación nueva con Dios y con el prójimo. El símbolo de esto era compartir la mesa, que celebraba la alegría del presente y anticipaba su futura culminación".

Ahora debemos tratar de comprender el significado del sacrificio en la época bíblica. Esta noción es totalmente ajena a nuestra cultura y a nuestra experiencia. Imaginemos a una familia judía que viene al templo a ofrecer un sacrificio. La familia no trae oro, sino algo relacionado con la vida: un animal vivo o frutos de la cosecha.

Ellos caminan hasta el santuario, donde hay un altar. La cosecha del trigo o el quitar la vida a la paloma o la oveja no es un gesto de sacrificio. El sacrificio sucede cuando el sacerdote pone las frutas o la sangre en el altar y todos hacen un ofrecimiento de su ser. La familia se esfuerza por ofrecer sus vidas en servicio del Señor.

La comunidad cristiana siempre ha reconocido que la muerte de Jesús en la cruz fue el sacrificio más grande de todos. Esto es así por lo que sucedió en su mente y en su corazón. Él verdaderamente se ofreció como sacrificio.

Los católicos creen que cuando Jesús dijo: "Esto es mi cuerpo.... esta es mi sangre", quiso decir exactamente lo que dijo. Para los judíos, el cuerpo y la sangre eran la fuente de la vida y eran equivalentes a la persona. Lo que Jesús afirmaba sobre el pan y el vino era: "Este soy yo". Nosotros creemos que el pan y el vino consagrados verdaderamente se convierten en la persona de Cristo.

El Nuevo Testamento da testimonio de la realidad de la presencia de Cristo en la Eucaristía. El capítulo 6 del Evangelio de Juan está dedicado a Jesús como "Pan de Vida". Jesús mismo nos dice: "Yo soy el pan vivo que ha bajado del cielo… En verdad les digo que si no comen la carne del Hijo del Hombre y no beben su sangre, no tienen vida en ustedes. El que come mi carne y bebe mi sangre vive de vida eterna, y yo lo resucitaré el último día." (Juan 6:51–54).

Muchos discípulos se sintieron ofendidos por esta declaración y abandonaron a Jesús. Pero Jesús no dijo: "Esperen, lo que yo quise decir es que el pan sólo representa mi cuerpo". En lugar de eso, preguntó a los Doce: "¿Quieren marcharse también ustedes?" Pedro le contestó: "Señor, ¿a quién iríamos? Tú tienes palabras de vida eterna" (Juan 6:67–68).

Los católicos, al igual que Pedro, no pretendemos comprender la manera en que el pan y el vino se convierten en el cuerpo y la sangre de Cristo. Aceptamos, como lo hizo Pedro, las "palabras de vida eterna" por la autoridad de Jesús. Desde el siglo XII, la Iglesia ha utilizado el término transubstanciación para describir el cambio de la "substancia" del pan a la "substancia" del cuerpo de Cristo. Para expresar el significado original de substancia, tenemos que

> *Cuando comulgamos, recibimos a la persona de Cristo como Él es en este momento.*

hablar de la realidad interna de una cosa, del nivel más profundo de su ser.

Las "apariencias", los aspectos exteriores como el sabor, el color y el peso del pan y el vino siguen siendo los mismos que antes de la consagración, pero la realidad más profunda ha cambiado al cuerpo y la sangre de Cristo viviente. Entonces, cuando comulgamos, recibimos a la persona de Cristo como Él es en este momento, o sea como el Señor resucitado, con su cuerpo y alma glorificados y su divinidad completa.

Jesús ofreció siempre una invitación sin límite a todos los que quisieran compartir una comida con Él. Esto es lo que la comunidad está llamada a hacer cada vez que se reúne alrededor del altar. Así se convierte en el sacramento del Salvador resucitado. Cuando eso sucede, las personas pueden descubrir un punto de partida, una experiencia para afirmar su fe. Ahora podemos experimentar la presencia del Señor en las especies consagradas y en la comunidad reunida alrededor del altar.

Como dijo San Agustín: "Tenemos que ser lo que hemos comido". Ya somos el cuerpo de Cristo pero tenemos que convertirnos todavía más en ese Cuerpo. Tenemos que ser pan para los demás así como Jesús lo es para nosotros: fraccionado y compartido entre nuestros hermanos y hermanas en Cristo. Sólo seremos el Pueblo de Dios si estamos dispuestos a convertirnos en pan y vino, en alimento y vida, en cuerpo y sangre para todos los seres humanos.

¿CÓMO puedo hacerlo vida?

- *¿Mi relación con qué persona ha causado que me critiquen?*

- *¿Hay alguien con quien me rehusaría a comer o a convivir un rato? ¿Cómo puedo imitar a Jesús en el trato con esta persona?*

- *¿Qué significa para mí la palabra "sacrificio"?*

- *¿Qué impacto tiene el sacrificio de Jesús en la cruz en mi vida diaria y en mi apreciación por la Eucaristía?*

El sacramento de la Confirmación

Jesús prometió a los apóstoles que les daría el valor necesario para hacer frente a cualquier temor que sintieran al servirlo (Hechos 1:8). Y cumplió su promesa.

"Cuando llegó el día de Pentecostés, estaban todos reunidos en el mismo lugar. De repente vino del cielo un ruido, como el de una violenta ráfaga de viento, que llenó toda la casa donde estaban, y aparecieron unas lenguas como de fuego que se repartieron y fueron posándose sobre cada uno de ellos. Todos quedaron llenos del Espíritu Santo y comenzaron a hablar en otras lenguas, según el Espíritu les concedía que se expresaran" (Hechos 2:1–4).

La Confirmación confiere el valor y los dones del Espíritu Santo necesarios para ser testigos de Cristo en nuestra vida diaria. Cristo continúa cumpliendo su promesa por medio del sacramento de la Confirmación.

Los primeros cristianos generalmente celebraban en un mismo rito el Bautismo y la Confirmación, por el vínculo existente entre ellos. Sin embargo, en el Nuevo Testamento la base para la distinción entre los dos es evidente. El diácono Felipe mandó a buscar a los apóstoles Pedro y Juan para que "vinieran y les impusieran las manos" a algunas mujeres y algunos hombres que habían bautizado, "para que recibieran al Espíritu Santo" (Hechos 8:14–17).

Pablo después de haber bautizado a algunos discípulos de Juan Bautista, les impuso las manos y entonces, "...Espíritu Santo bajó sobre ellos y empezaron a hablar lenguas y a profetizar" (Hechos 19:1–7). La carta a los Hebreos 6:2 habla de "... la doctrina referente a los bautismos y la imposición de las manos " como dos acciones distintas.

En realidad el Espíritu Santo se da en el Bautismo y en la Confirmación. Pero la función del Espíritu Santo es diferente en cada uno de ellos. San Agustín alude a la diferencia cuando explica que, en el bautismo nos mezclamos con el agua para que podamos ser pan, el cuerpo de Cristo. Y añade que el pan necesita ser horneado en el fuego. El fuego lo proporciona el crisma que es "el sacramento del Espíritu Santo" revelado en lenguas de fuego.

En otras palabras, nos hacemos miembros del Cuerpo de Cristo en el Bautismo. En la Confirmación en cambio, se nos da el poder de Dios para dar fruto en nuestra vida cristiana; para hablar con valor; y para atraer a otros a la Iglesia.

Cristo nos ha enseñado el camino hacia la madurez espiritual. Nos ha dado al Espíritu Santo, que nos da la fuerza para enfrentar nuestras responsabilidades y compartir el Evangelio con los demás. El Espíritu Santo nos ayuda a crecer en la fe y en el discipulado. Este es el significado del sacramento de la Confirmación.

La madurez siempre conlleva una mayor sensibilidad y responsabilidad hacia quienes nos rodean. Por ello, a la Confirmación a menudo se le llama: sacramento de la acción social. El fortalecimiento y la madurez que recibimos en este sacramento no son sólo para nuestro beneficio. El Espíritu Santo nos los da para que podamos contribuir activa y creativamente con la Iglesia y con el mundo.

Todos tenemos dones y talentos especiales. De una u otra manera, tenemos muchas oportunidades de ayudar a la Iglesia en el mundo.

El sacramento de la Confirmación se confiere por la imposición de las manos, seguida por la señal de la cruz hecha en la frente con el crisma.

La imposición de las manos es un gesto importante mencionado en la Biblia. Por medio de él, se pide al Espíritu Santo que baje sobre la persona. En los evangelios, Jesús curó a muchas personas con sólo tocarlas. Cuando la mujer que tenía una hemorragia tocó el manto de Jesús con fe, fue curada. Cristo afirmó haber sentido el poder salir de él.

La unción se hace con el crisma, aceite de oliva mezclado con bálsamo. El aceite es un símbolo de fuerza. El perfume es un símbolo de "la fragancia de Cristo", que los cristianos tienen que difundir. El crisma debe ser consagrado por el obispo. Las palabras "Mesías" y "Cristo" significan "Ungido". Los israelitas ungían a los sacerdotes y más tarde a los reyes, como símbolo de elección por parte de Dios. Al igual que aquellos sacerdotes y reyes, nosotros hemos sido escogidos por Dios. Y, al igual que ellos, ungidos y elegidos para cumplir una misión.

Es probable que los católicos de mayor edad recuerden la "palmada en la mejilla" que solía ser parte del rito de la Confirmación. Al igual que muchas otras ceremonias en la liturgia de la Iglesia, esto desapareció

> *La Confirmación confiere el valor y los dones del Espíritu Santo necesarios para ser testigos de Cristo.*

en 1971 cuando se promulgó el nuevo rito de la Confirmación. Hoy en día, el Obispo simplemente dice: "La paz sea contigo". El recién confirmado responde: "Y con tu espíritu".

El Obispo, el líder de la comunidad, es quien generalmente administra el sacramento (aunque un sacerdote también lo puede hacer en ciertas ocasiones). El motivo es que este sacramento es una verdadera "confirmación" de la iniciación de las personas cristianas en la comunidad.

En la Confirmación los padrinos ponen la mano en el hombro de los candidatos como representación de la comunidad cristiana. Cada uno de los padrinos se compromete a animar a los cristianos confirmados a que cumplan la promesa de ser testigos de Cristo. A los padrinos se les llama también fiadores. La palabra fiador tiene el mismo sentido que la palabra "responsable", que significa "alguien que garantiza, jura, promete". Los padrinos deben ser personas que puedan "caminar" con los candidatos hacia la madurez cristiana. También deben conocer a los candidatos y estar dispuestos a escuchar sus dudas y preguntas acerca de la fe o de la Iglesia. Los padrinos pueden ser personas de la parroquia que ustedes admiran y que ven a menudo.

No importando a quienes se escojan, los padrinos deben ser lo suficientemente maduros, pertenecer a la Iglesia católica y haber recibido los sacramentos del Bautismo, la Confirmación y la Comunión. Lo más importante es que los candidatos y los padrinos tengan una relación cercana. Los padrinos deben ser amigos espirituales.

En la Confirmación, los cristianos son "ungidos" con el poder del Espíritu Santo para profesar su fe en la Iglesia y dar testimonio de la verdad. Por lo tanto, la Iglesia católica considera que si se recibe siendo mayor de edad, se puede dar testimonio y el beneficio también sería mayor.

Siempre debemos recordar que la vida cristiana en todos sus aspectos es el primer don del Espíritu. Además, cada persona tiene dones especiales que el Espíritu Santo usa para el bien de toda la Iglesia.

Pidamos siempre al Espíritu que nos ayude a alcanzar estos dones cuando los necesitemos. Recordemos las palabras de San Cirilo de Jerusalén: "Recuerda la gran alegría que Jesús te concedió…El Espíritu que habita en ti y que hace de tu mente la casa de Dios".

¿CÓMO puedo hacerlo vida?

- *¿Qué aspectos de la niñez tengo que abandonar para desarrollarme como cristiano maduro?*

- *Lean Isaías 11:2–3, y piensen en los dones del Espíritu Santo. ¿Cuál de ellos necesito más en mi vida? ¿Por qué?*

- *¿Cómo me ayuda el Espíritu Santo para dar testimonio de mi fe?*

Concluya la sesión con esta oración al Espíritu Santo:

Señor Dios, que has iluminado los corazones de tus hijos con la luz del Espíritu Santo,
concédenos que,
guiados por este mismo Espíritu,
obremos rectamente y gocemos
siempre de sus consuelos.
Por nuestro Señor Jesucristo. Amén.

MATERIAL COMPLEMENTARIO

Los Redentoristas. *Manual para el católico de hoy*. Libros Liguori.

La Confirmación. Libros Liguori.

P. Juan J. Sosa. *Manual para entender y participar en la Misa*. Libros Liguori.

E. Tobin. *Manual para vivir y entender la Santa Misa*. Libros Liguori;

La verdad sobre la Eucaristía. Libros Liguori.

Oración final: Dios bondadoso, te damos gracias por el don de tu Iglesia. Ayúdanos a vernos como miembros valiosos del cuerpo de Cristo, cada cual con los dones y talentos que aportamos a la comunidad de fe. Abre nuestros ojos a la belleza de tu obra en todas las personas y en todos los lugares, y danos la gracia de crecer en la fe y el amor. Amén.

Los sacramentos: Parte 2

¿QUIÉN? ¿Quién puede recibir el sacramento de la Unción de los Enfermos?

¿QUÉ? ¿Qué propósito tiene el sacramento de la Reconciliación?

¿CUÁNDO? ¿Cuándo se convirtió en obligatorio el celibato para los sacerdotes del rito romano de la Iglesia católica?

¿DÓNDE? ¿Dónde se refleja la unidad de Dios en el sacramento del Matrimonio?

¿POR QUÉ? ¿Por qué los católicos deben confesar sus pecados al sacerdote?

Canto de entrada: La sesión comienza con un canto litúrgico conocido.

Oración inicial: Dios Creador, nos has llamado a esta comunidad conocida como la Iglesia católica. Bendice nuestro trabajo durante la sesión de hoy, para que entendamos mejor quiénes somos y de dónde venimos como miembros de la Iglesia. Abre nuestra mente y nuestro corazón a tu palabra y a las palabras de los que nos hemos reunido hoy. Inspíranos con tu espíritu y guíanos en el camino de Jesucristo, nuestro Señor. Amén.

Lectura: Juan 8:1–11

A continuación se tiene una reflexión en silencio durante algunos minutos.

¿Por qué necesitamos reconciliarnos?

El pecado implica alienación de Dios, alienación personal y alienación de otras personas. El origen del pecado y sus efectos aparecen en la historia de la creación en el Génesis. Al principio, Adán y Eva experimentaron una armonía interior, una armonía con Dios, una armonía mutua y una armonía con la creación. Después la serpiente llegó al jardín y se cometió el pecado.

Dios y la Iglesia nos enseñan que algunas cosas son pecado porque destruyen nuestro crecimiento humano y espiritual. Este crecimiento depende mucho de nuestra capacidad de dar y recibir el amor de Dios y de los demás.

La mayoría de las personas cree que negarse a amar a los demás es un pecado. Pocas se dan cuenta de que negarse a aceptar el amor de Dios y de los demás es un pecado de la misma magnitud porque tal negación destruye nuestro crecimiento como personas humanas y espirituales.

A menudo, cuando nos sentimos mal o estamos lastimados, nos alejamos y nos negamos a amar. Esto significa que negamos un tipo de alimento a otras personas, especialmente a quienes comparten nuestra vida más de cerca. De la misma manera, cuando nos negamos a aceptar el amor que Dios y los demás nos ofrecen, nos alejamos de los manantiales de la vida.

Una persona en pecado, especialmente en pecado grave, está sola y se desintegra. En ese estado se convierte en una persona que necesita reconciliación.

La reconciliación consiste en la conversión del corazón (la contrición), el perdón de los pecados (la confesión) y la restauración de la relación con Dios (la satisfacción). Fue algo central en el ministerio de Jesús (vea Lucas 15:11–24). El ministerio de Jesús nos revela que Él no vino sólo a reconciliar o a salvar almas. Jesús vino a reconciliar y salvar personas. Comprender este aspecto encarnado del ministerio de Jesús es esencial para comprender la Iglesia y todos los aspectos sacramentales del cristianismo.

La comunidad apostólica creía que Jesús le había dado el poder de perdonar los pecados: "Dicho esto, sopló sobre ellos y les dijo: 'Reciban el Espíritu Santo: a quienes descarguen de sus pecados, serán liberados, y a quienes se los retengan, les serán retenidos'" (Juan 20:22–23).

Aunque Jesús dio a sus discípulos—la Iglesia—la autoridad de perdonar los pecados en su nombre, no les enseñó una manera detallada de ejercer esa autoridad. Quizá Jesús consideró conveniente conferir a la Iglesia la autoridad de crear ritos significativos por los cuales se perdonarían y sanarían los pecados cometidos después del bautismo.

El propósito del sacramento de la Penitencia es ayudarnos a celebrar y profundizar nuestros continuos esfuerzos por ser personas de reconciliación en nuestro mundo. La participación en este sacramento asume que nos esforzamos sinceramente en nuestra vida diaria por parecernos más a Cristo y que estamos tratando de cumplir con nuestra llamada a ser embajadores de la reconciliación.

Como embajadores de la reconciliación, se nos pide ser instrumentos de Dios para derribar las barreras que impiden a los individuos y a los grupos comunicarse y cuidarse. La participación en este sacramento supone también que, al igual que Dios perdona libremente nuestros pecados, nosotros estamos dispuestos a dar y recibir el perdón libremente.

Quizá el sacramento se usa muy a menudo para librarse de sentimientos de culpa o para empezar de nuevo. En esos casos, el enfoque principal es la persona y no la reconciliación con Dios y con los demás. Lo ideal sería participar en el sacramento respondiendo a los llamados del Espíritu Santo a la conversión en determinadas áreas de nuestras vidas. El sacramento perderá gran parte de su poder y su significado, si es visto de una manera limitada e individualista y no en el contexto más amplio del llamado a ser personas que ofrecen la reconciliación en un mundo dividido.

Psicológicamente, la confesión es buena para nosotros. Al enumerar nuestros pecados, nuestros malos hábitos y enfrentarnos a ellos, pierden gran parte de su poder sobre nosotros. Un psiquiatra famoso, Karl Menninger, asombró a muchas personas cuando en su libro, *Whatever Became of Sin?*, dijo que la terapia psiquiátrica fallaba en gran medida porque a menudo es sólo un esfuerzo por racionalizar el pecado y las malas acciones. Dentro y fuera del confesionario, enfrentarse

> *Una persona en pecado, especialmente en pecado grave, está sola y se desintegra.*

al pecado y aceptar la responsabilidad por el propio comportamiento es una buena "terapia de la realidad".

La Iglesia católica pide a sus miembros confesar los pecados a un sacerdote porque siempre ha creído que el pecado, a pesar de ser privado, está relacionado con la comunidad. Cuando nos bautizamos somos insertados en el cuerpo de Cristo. Ninguna parte del cuerpo humano puede sufrir dolor sin que las demás partes sufran también. Lo que es verdad acerca del cuerpo humano también es verdad acerca del cuerpo de Cristo (la Iglesia). Cuando cualquiera de sus miembros peca, todos sufren.

A los penitentes se les pide mucha reflexión al prepararse para recibir el sacramento. El propósito básico del examen de conciencia es descubrir la dirección general o el tono de la vida espiritual personal. No se trata de tener una lista superficial de pecados para confesar al sacerdote, sino de ponerse en contacto con las actitudes y los patrones de comportamiento que destruyen la relación personal con Dios, con los demás y consigo mismo.

En el confesionario, el sacerdote es el representante de Dios y de la comunidad. En el salón de reconciliación, el sacerdote representa la totalidad de Cristo—la Cabeza (Jesús) y los miembros (la Iglesia). Cuando salimos del confesionario, los pecados que confesamos y los que, sin querer, no mencionamos, se nos han perdonado. El sacramento es como un segundo bautismo y ahora empezamos de nuevo.

¿CÓMO puedo hacerlo vida?

- *¿Cómo defino el pecado?*

- *¿Qué partes de mi vida necesitan la conversión? ¿Qué actitudes o conductas me están separando de Dios?*

- *¿Hay alguien en mi vida con quien necesito reconciliarme? Si es así, ¿cómo puedo hacerlo?*

El sacramento de la Unción de los Enfermos

Hace muchos siglos no existía una distinción clara entre el bienestar físico y el bienestar espiritual. Quienes sufrían de una enfermedad física también sufrían mental y emocionalmente. Las personas que estaban deprimidas o se sentían culpables a menudo demostraban síntomas físicos. Existía balance en cuanto a la relación entre el alma y el cuerpo.

Jesús compartía esta actitud en relación con la salud y la enfermedad. Se preocupaba tanto por la salud física como por la salud espiritual de las personas. De hecho, la palabra salvación viene del latín *salus*, que significa "salud". Jesús, al sanar el cuerpo y el alma, demostró que la salvación de Dios afecta al ser humano en su totalidad.

El ministerio de Jesús fue un ministerio de curación en ambos sentidos de la palabra. Sanó la vida espiritual de las personas al asegurarles que Dios perdona sus pecados y les da el poder de amar y de cuidar a los demás. Y curó también las enfermedades físicas de la gente, como señal del poder de Dios y como ejemplo del cuidado que se debe dar a todas las dimensiones de la persona.

Santiago 5:14–15 nos dice: "¿Hay alguno enfermo? Que llame a los ancianos de la Iglesia, que oren por él y lo unjan con aceite en el nombre del Señor. La oración hecha con fe salvará al que no puede levantarse y el Señor hará que se levante; y si ha cometido pecados, se le perdonarán."

Actualmente el rito de la Unción se celebra con una liturgia de la Palabra. Se pretende que quienes estén reunidos puedan ser instruidos en el significado más profundo de la enfermedad y celebrar el sacramento con una fe renovada.

A la liturgia de la Palabra le sigue la imposición de las manos, una costumbre cristiana antigua. En silencio, el sacerdote celebrante impone las manos sobre la cabeza de quien va a ser ungido. En el Antiguo y en el Nuevo Testamento, la imposición de manos simboliza y confiere la gracia especial del Espíritu Santo. Los enfermos reciben el cuidado del Espíritu de una manera especial.

Después se bendice o se ofrece una acción de gracias sobre el aceite. El aceite es muy apropiado

Dios se comunica con los enfermos de una manera real y total.

en la Unción de los Enfermos, como un símbolo de la presencia penetrante del Espíritu Santo. Al igual que el aceite se frota sobre la piel y esta lo absorbe, el Espíritu Santo "entra" en la persona enferma, reclamando, dando fuerza, vida y juventud en nombre de Cristo.

El paso final en el ritual es la unción de la cabeza y las manos. Se unge la frente porque en ella se hizo la señal de la cruz cuando los candidatos para la iniciación cristiana se convirtieron en catecúmenos, cuando recibieron el Bautismo y también en la Confirmación.

Frotar aceite en las manos significa que el Espíritu Santo sale a nuestro encuentro en esta situación personal, en nuestra enfermedad particular, con todo lo que nos hace sentir. No importa si sentimos dolor, resentimiento, negación, aceptación o incluso alegría, la unción con el aceite traerá a Cristo el Sanador en la situación especial en que nos encontramos.

Las oraciones pronunciadas después de la unción dejan claro que la gracia que Dios da en los sacramentos está "hecha a la medida" para ayudar a la persona enferma y a sus necesidades. En otras palabras, podemos confiar en que Dios dará exactamente lo necesario en ese momento para asegurar la salvación y cumplir con la vocación cristiana.

Lo importante no es tanto la necesidad específica de la persona y la gracia que se recibe después. Lo verdaderamente importante es recordar que Dios se comunica con los enfermos de una manera real y total, no sólo con el cuerpo o con el espíritu, sino con toda la persona.

No hace mucho tiempo la Unción de los Enfermos era para los moribundos. Llamar a un sacerdote para que administrara la extrema unción, como se le llamaba entonces, indicaba que el doctor no le daba mucho tiempo de vida al enfermo.

El Concilio Vaticano Segundo ayudó a restaurar el significado original de este sacramento. Se cambió el nombre de "Extrema Unción" a "Unción de los Enfermos". También se dijo que "no es sólo el Sacramento de quienes se encuentran en los últimos momentos de su vida. Por tanto, el tiempo oportuno para recibirlo comienza cuando el cristiano ya empieza a estar en peligro de muerte por enfermedad o vejez." (Constitución sobre la sagrada liturgia, #73).

Esto implica que se puede ungir a los católicos tan pronto se enteren que padecen alguna enfermedad que los ponga en peligro de muerte. Pueden incluso, pedir el sacramento si se va a tener una intervención quirúrgica, porque a veces hasta las operaciones más sencillas pueden tener complicaciones. La Iglesia también reconoció que las personas de edad avanzada tienen derecho a ser ungidas, por su susceptibilidad a muchas enfermedades.

A los sacramentos de la Reconciliación, la Unción de los Enfermos y la Eucaristía se les llama los últimos ritos de la Iglesia, cuando se administran a una persona moribunda al mismo tiempo. En esta situación, las oraciones de la Unción se modifican un poco para pedir la fuerza espiritual en lugar de la curación física.

Los sacerdotes son los únicos que pueden ungir sacramentalmente a los enfermos. Sin embargo, el ministerio de ayuda a las personas enfermas se reconoce como una preocupación de toda la comunidad cristiana y no sólo del sacerdote. Muchas personas experimentan una sanación espiritual y física cuando alguien reza por ellas y pide a Dios que las cure.

Tanto los profesionales en el campo de la medicina como los familiares y amigos pueden hacer mucho para atender las necesidades espirituales de los enfermos. Recuerden que las necesidades espirituales incluyen el perdón de los pecados; saber que van a recibir el cuidado que necesitan; que alguien las ama a pesar de sus impedimentos o deformidades; que no sufrirán el abandono en sus últimos momentos.

Otras necesidades espirituales incluyen la necesidad de aceptar la limitación de condiciones físicas que las debilitan; perdonarse ellas mismas y perdonar a otros por cualquier descuido o malicia que haya provocado la herida o la enfermedad; restablecer la comunicación con personas amadas que están distanciadas; reconciliarse con Dios antes de morir.

Se nos desafía a hacer todo lo posible por ayudar a quienes sufren, como Jesús lo hizo y enseñó a hacerlo a sus seguidores. Los cristianos que actúan así, continúan el ministerio de sanación de Jesús y de la primera Iglesia.

Jesús se preocupaba por la persona en su totalidad—alma y cuerpo. El reino de Dios que Jesús anunció no es un lugar al que entramos al morir, sino algo que podemos comenzar a experimentar aquí y ahora.

¿CÓMO puedo hacerlo vida?

- *¿Cuáles son mis sentimientos acerca de la celebración de la Unción de los Enfermos? ¿Alguna vez he participado en ese sacramento?*

- *Describan una curación física, espiritual o emocional que hayan experimentado. ¿Alguna vez mi salud física ha afectado la mental o viceversa?*

- *¿Considero que la enfermedad puede ser una bendición? ¿Cómo?*

El sacramento del Matrimonio

El matrimonio cristiano es una relación personal de amor que da vida. En él, dos personas hacen que el amor de Cristo sea una realidad del uno para el otro y se convierten en señal del amor de Cristo para quienes los rodean. En el matrimonio, la relación de la pareja es el sacramento que revela cómo es el amor que Dios nos tiene.

Jesús nos mostró el plan de Dios para el matrimonio de muchas maneras. Él nació en una familia humana, demostrando con eso la santidad de la vida de familia (Lucas 2). Realizó su primer milagro en las bodas de Caná (Juan 2:1–11), dando el visto bueno de Dios al matrimonio. Enseñó que el amor conyugal tiene que ser fiel (Mateo 5:27–28). Proclamó que el matrimonio se creó a fin de que durara para siempre (Marcos 10:6–8).

El matrimonio no es únicamente el estado en el que los cónyuges sirven a Dios. De hecho su amor mutuo es su servicio a Dios, la manera como hacen que Cristo esté presente para su cónyuge. Por eso los ministros del sacramento del matrimonio son el esposo y la esposa.

Fundado en la entrega de Dios, el amor conyugal se basa también en la entrega. Amar completamente significa darlo todo. No se trata sólo de "sacrificar" algo.

Lo que se entrega en el matrimonio es la persona misma. El amor conyugal no es sólo un sentimiento, sino la decisión de una persona de amar a otra sin condiciones. Al tomar esa decisión, elegimos dar sin resentimiento, perdonar totalmente y poner las necesidades de la pareja antes que las propias. Dos personas unidas en matrimonio se convierten en una al compartir libremente los dones propios para el bien de la otra persona.

La fidelidad de Dios es evidente en el compromiso asumido por una pareja de amarse para toda la vida. Ese amor requiere un sacrificio por el bien de la otra persona. No sólo se manifiesta en las cosas importantes como las enfermedades o las tragedias. Se manifiesta también escuchando, en vez de dormir, cuando la otra persona necesita hablar; tratando de afirmar en vez de criticar; dejando que la risa concluya una pelea en vez de seguir insistiendo en que se tiene la razón. Se manifiesta compartiendo las heridas y los temores en

Fundado en la entrega de Dios, el amor conyugal se basa también en la entrega.

vez de esconderlos pretendiendo ser independientes. Se manifiesta imponiendo la disciplina a los hijos como pareja.

La fidelidad de Dios nos acepta por lo que somos. Nos afirma. Busca lo bueno en nosotros y nos ayuda a crecer. Los cónyuges deben desafiarnos a todos a no darnos por vencidos en relación con los demás, sino buscar sus talentos, afirmarlos y animarlos a ponerlos a servicio de la comunidad.

Jesús reveló las intenciones originales de Dios en cuanto al amor conyugal. "Pues bien, lo que Dios ha unido, que el hombre no lo separe" (Marcos 10:6–9). Sus palabras indican la presencia de Dios tanto en la unión física como en la unión espiritual de un esposo y una esposa. Indican también una importancia especial de la unión matrimonial, que es más sagrada que la de los padres con los hijos y no puede disolverse por el divorcio civil.

Cuando el matrimonio fracasa, algunos católicos obtienen un divorcio civil para proteger su seguridad. Los católicos creen que un matrimonio entre cristianos no puede disolverse jamás. Aunque un católico obtenga el divorcio civil por razones legales, la Iglesia aún lo considera casado. No puede volver a casarse en la Iglesia sin la nulidad del matrimonio anterior. Los católicos también creen que, al igual que un divorcio no puede disolver el matrimonio entre dos católicos, tampoco puede disolverlo si el matrimonio es entre dos protestantes. En ambos casos, los matrimonios son sacramentales.

La nulidad matrimonial no es un divorcio católico, sino el reconocimiento oficial de la Iglesia de que, desde el principio, no hubo un verdadero matrimonio. Esto sólo puede ocurrir si, después de examinarlo todo, se concluye que faltó uno o más de los requisitos para tener un matrimonio válido. Dichos requisitos se encuentran en los documentos del matrimonio, cuando se pide a la pareja que afirme: "Yo entiendo la naturaleza y las obligaciones esenciales del matrimonio cristiano. De acuerdo a eso, yo entro en el matrimonio con completa libertad; me propongo ser fiel hasta la muerte; rezo para que nuestro matrimonio sea bendito con hijos".

La investigación de una nulidad es un proceso largo y requiere testigos y evidencia que apoye cualquier declaración de invalidez. No se puede comprar ni disponer. La nulidad no afecta de ninguna manera la legitimidad de los hijos.

El amor de Dios es apasionado, alegre e íntimo y se refleja en la pasión que los cónyuges sienten el uno por el otro. La intimidad que se goza en un matrimonio es sexual, emocional y espiritual. "Hacer el amor" es una buena descripción de la intimidad porque eso es lo que debe ser. No es sólo una expresión del amor de los esposos, sino que debe hacer que el amor mutuo crezca.

Debido a que las parejas comparten el amor creador de Dios, gozan también del privilegio de compartir el aspecto más eminente del trabajo creador de Dios: la creación de otro ser humano. Su generosidad y su amor son brillante reflejo del amor de Dios cuando hizo el mundo. Una dimensión esencial del sacramento del matrimonio es la intención de hacer todo lo posible por lograr la paternidad o la maternidad. Esto va más allá del acto de la concepción. Es el ánimo y el apoyo mútuo durante los años de la crianza de los hijos. Este propósito de dar vida por medio de otra persona y de compartir juntos la labor de conducir ese nuevo ser hacia la madurez es también un reto para nosotros, la comunidad de los creyentes. Las parejas que no consiguen tener hijos también pueden ser creadoras, porque se ayudan mutuamente a desarrollarse y mejorar en el matrimonio.

Es imposible entender la unión de Dios Padre, Dios Hijo y Dios Espíritu Santo. Pero es posible reconocer la fuerza y la belleza de una pareja que verdaderamente está unida. Cada persona es distinta y, sin embargo, juntas forman una unidad más completa. Cada uno de nosotros revela las dimensiones de Dios de manera diferente, sin embargo Dios se revela mejor en términos específicos de la relación porque Dios es relación.

En la unión de dos personas en un solo cuerpo, nosotros, la Iglesia, podemos ver algo de la unión de Dios.

¿CÓMO puedo hacerlo vida?

- *¿Qué significa para mí el amor verdadero?*

- *Describan un ejemplo de fidelidad en el matrimonio. ¿Qué nos revela de la fidelidad de Dios con nosotros?*

- *¿Qué significa que el amor que Dios siente por nosotros es apasionado e íntimo?*

El sacramento del Orden Sacerdotal

Este sacramento establece a los obispos, los sacerdotes y los diáconos como líderes legítimos de la comunidad eclesial.

En los evangelios no se encuentra una ceremonia de ordenación para los apóstoles claramente definida. De hecho, la palabra "sacerdote" no se usó para referirse a los líderes de la nueva Iglesia durante los primeros cien años después de Cristo.

Sin embargo, no cabe duda de que los apóstoles sirvieron a la Iglesia como sus primeros sacerdotes y obispos. Estuvieron muy unidos con la labor de Cristo durante su vida. Recibieron instrucciones especiales, pasaron mucho tiempo con Él y vieron los milagros que Él obró.

Jesús envió a sus apóstoles a predicar y a bautizar (ver Mateo 10). Les dio el poder de curar (ver Marcos 6:1–3) y de perdonar (ver Juan 20:23). En la Última Cena, cuando nuestro Señor instruyó a los apóstoles a que hicieran "esto en memoria mía", les estaba dando el poder de presidir la Eucaristía.

En la primera Iglesia, era obvio que todos los creyentes bautizados compartían el sacerdocio universal de Cristo. Los primeros cristianos reconocieron y utilizaron los diferentes carismas que contribuían a la edificación de la comunidad sacerdotal. Algunos podían curar, obrar milagros o profetizar; otros podían hablar en lenguas o interpretar el Espíritu (ver 1 Corintios 12).

Los líderes fueron elegidos especialmente para predicar y enseñar. Se les asignaba su oficio por medio de la imposición de las manos y la llamada del Espíritu Santo (ver 1 Timoteo 1:6–7). Todos podían proclamar la Palabra y ser testigos de la fe, pero sólo el líder ordenado tenía el poder de predicar en la asamblea, de presidir la Eucaristía y de guiar a la comunidad.

El papel del sacerdote cobró más importancia a medida que la Iglesia continuó su expansión. A menudo se trataba de la persona con más educación en la comunidad y, debido a esto, se le asignaban más y más tareas. Con el tiempo, los sacerdotes y los obispos se convirtieron en una clase especial dentro de la Iglesia. Poco a poco la doctrina del sacerdocio universal cayó en el olvido, hasta el Concilio Vaticano Segundo.

> En la primera Iglesia, era obvio que todos los creyentes bautizados compartían el sacerdocio universal de Cristo.

El Concilio se dio cuenta de que las responsabilidades principales del sacerdote son las de hacer realidad la presencia de Cristo en la Iglesia y compartir el oficio de Cristo como maestro, santificador y líder. Son elegidos para actuar en la persona de Cristo. Deben predicar el Evangelio; dar servicio pastoral a los fieles; celebrar la Misa y los sacramentos. El sacerdocio ministerial es diferente del sacerdocio de los fieles "en esencia y en grado". Se les confieren sus poderes por el Sacramento del Orden Sacerdotal.

Al hacer esta distinción, el Concilio destacó que se debe hacer todo lo posible por actualizar el sacerdocio de los fieles. Todas las personas necesitan escuchar la Buena Nueva y experimentar a Cristo en sus vidas. Esto sólo puede ser realidad por medio de los esfuerzos de todos los bautizados en el sacerdocio universal trabajando junto con los sacerdotes ordenados.

La mayoría de las personas considera las órdenes sagradas en términos del sacerdocio, pero en realidad, el sacerdocio es el segundo nivel de las órdenes. El obispo, en su consagración, recibe la plenitud del sacramento. Por último, el diácono también recibe este sacramento.

El oficio del obispo en la Iglesia se remonta al día en que Cristo comisionó a los apóstoles. Los obispos son los sucesores de los apóstoles. Para el año 110, el obispo encabezaba la Iglesia local como representante de Cristo. También era quien garantizaba la unidad de la Iglesia en un área específica y aseguraba la armonía de los creyentes con el resto de las personas de la Iglesia.

Como maestro principal en su diócesis, el obispo se asegura de que las verdades de la fe católica y los principios de la moral se enseñen correctamente. Como primero entre los predicadores, habla en nombre de Cristo. Gobierna a los fieles como vicario de Cristo. Y es claramente la cabeza de la Iglesia en su propia diócesis.

En la primera Iglesia, los obispos ejercían su ministerio con todo el mundo. Cuando el número de creyentes aumentó, ya no les fue posible hacerlo todo. Ordenaron a otros para actuar en su lugar y los llamaron sacerdotes. Desde el principio del siglo II, el sacerdote ocupaba el lugar entre el diácono y el obispo. Se le ordenaba para trabajar en nombre del obispo. Sus deberes eran predicar y santificar. Su privilegio era ser el líder de los fieles en la oración y en la Eucaristía.

La misma relación existe en la actualidad. Cuando

el sacerdote predica, enseña o celebra la Eucaristía, lo hace en nombre del obispo.

Las actividades del sacerdote de hoy se pueden dividir en tres categorías básicas. Primero, es llamado a predicar con palabras y acciones. Su mensaje debe traer la Buena Nueva de la salvación a las personas y llevarlas a la conversión, renovación y crecimiento. Segundo, es el líder del culto. Representa a Cristo al realizar las acciones de salvación para la comunidad. Haciendo esto, el sacerdote se convierte en señal de la presencia de Cristo entre los fieles. Tercero, debe ser un líder. A ejemplo del buen pastor, él se da a las personas de su Iglesia y del mundo.

El sacerdote puede celebrar los sacramentos del Bautismo, la Eucaristía, la Reconciliación, la Unción de los Enfermos y ser el testigo oficial en el Matrimonio. Puede, con el permiso del obispo, celebrar la Confirmación en situaciones especiales.

La palabra diácono viene de una palabra griega que significa "servidor" o "ayudante". El orden del diaconado recibe mucha atención en el Nuevo Testamento. Los diáconos reciben las instrucciones de ayudar a los apóstoles en su servicio a los fieles. Queda muy claro que los diáconos deben ser buenos creyentes, cristianos respetables y hombres dedicados a servir a la comunidad y a difundir el evangelio (ver 1 Timoteo 3:8–13).

Hay dos tipos de diáconos. El diaconado transitorio es el paso antes de la ordenación sacerdotal. En el diaconado permanente, un hombre no hace la transición al sacerdocio sino que sigue siendo un diácono. Con el permiso del obispo, el diácono puede bautizar, distribuir la Eucaristía en la Misa o en servicios de Comunión, llevar la Comunión a los enfermos, ser testigo en bodas y celebrar funerales. Es guía para las personas en la oración, lee la Sagrada Escritura, predica y enseña. Sirve al Pueblo de Dios trabajando a imagen de Cristo y siguiendo el ejemplo de aquellos primeros diáconos en la Iglesia. Un hombre casado puede ser ordenado diácono permanente. Sin embargo, si un diácono es soltero o si su esposa muere, debe seguir siendo soltero, y no puede casarse de nuevo.

El Nuevo Testamento menciona el celibato, el estado voluntario de quien no se contrae matrimonio y se abstiene de relaciones sexuales (ver Mateo 19:12 y 1 Corintios 7:32–34). Algunos sacerdotes de la primera Iglesia fueron célibes voluntariamente y, en el año 1139, el celibato se convirtió en un requisito para los sacerdotes del Rito latino de la Iglesia católica romana. Los hombres casados pueden ser ordenados sacerdotes en la Iglesia católica del Rito oriental y, en la actualidad, los ministros casados de otras denominaciones que se unen a la Iglesia católica romana y que son ordenados sacerdotes continúan siendo casados.

El celibato, como San Pablo sugiere, libra a los sacerdotes de muchas preocupaciones temporales para dedicarse a "las cosas del Señor". Se trata de una entrega positiva de uno mismo a Cristo, al igual que el matrimonio es una opción positiva por un cónyuge, y no sólo la renuncia a muchos otros.

En Jesús recibimos a Dios encarnado. Y esto es lo que buscamos en el sacerdocio: Cristo presente en una persona.

¿CÓMO puedo hacerlo vida?

- *¿Puedo recordar el ejemplo de un líder que no teme servir a los demás?*
- *¿Conozco sacerdotes que han contribuido al desarrollo de mi vida espiritual? ¿Cómo?*

Concluya la sesión con la lectura de 1 Corintios 13: 1–7

Aunque hablara todas las lenguas de los hombres y de los ángeles, si me falta el amor sería como bronce que resuena o campana que retiñe. Aunque tuviera el don de profecía y descubriera todos los misterios y la ciencia entera, aunque tuviera tanta fe como para trasladar montes, si me falta el amor nada soy. Aunque repartiera todo lo que poseo e incluso sacrificara mi cuerpo, pero gloriarme, si no tengo amor, de nada me sirve. El amor es paciente y muestra comprensión. El amor no tiene celos, no aparenta ni se infla. No actúa con bajeza ni busca su propio interés, no se deja llevar por la ira y olvida lo malo. No se alegra de lo injusto, sino que se goza en la verdad. Perdura a pesar de todo, lo cree todo, lo espera todo y lo soporta todo.

MATERIAL COMPLEMENTARIO

Guntzelman, Joan y Lou. *Ven Dios sanador.* Libros Liguori.

Rabior, William E. y Susan C. *Llamados y escogidos: La vocación del matrimonio.* Libros Liguori.

Por qué es bueno confesar nuestros pecados. Libros Liguori.

¿Cómo confesarse mejor? Libros Liguori.

Mi examen de conciencia. Libros Liguori.

El matrimonio en perspectiva. Libros Liguori.

Martínez, Germán. *Casarse bien.* Libros Liguori.

La vocación al sacerdocio. Libros Liguori.

Oración final: Dios bondadoso, te damos gracias por el don de tu Iglesia. Ayúdanos a vernos como miembros valiosos del cuerpo de Cristo, cada cual con los dones y talentos que aportamos a la comunidad de fe. Abre nuestros ojos a la belleza de tu obra en todas las personas y en todos los lugares, y danos la gracia de crecer en la fe y el amor. Amén.

SESIÓN

8

La vida cristiana: Parte 1

¿QUIÉN? ¿Quién puede servirnos de ejemplo y orientación moral en este mundo?

¿QUÉ? ¿Qué es la conciencia y cómo se forma?

¿CUÁNDO? ¿Cuándo comenzó la Iglesia a hablar sobre los problemas sociales?

¿DÓNDE? ¿Hacia dónde nos impulsan las enseñanzas de Jesús?

¿POR QUÉ? ¿Por qué, como católicos, debemos preocuparnos por las injusticias y los problemas sociales?

Canto de entrada: La sesión comienza con un canto litúrgico conocido.

Oración inicial: Dios Creador, nos has llamado a esta comunidad conocida como la Iglesia católica. Bendice nuestro trabajo durante la sesión de hoy, para que entendamos mejor quiénes somos y de dónde venimos como miembros de la Iglesia. Abre nuestra mente y nuestro corazón a tu palabra y a las palabras de los que nos hemos reunido hoy. Inspíranos con tu espíritu y guíanos en el camino de Jesucristo, nuestro Señor. Amén.

Lectura: Mateo 22:37–40

A continuación se tiene una reflexión en silencio durante algunos minutos.

La moral y la conciencia

¿Cómo sabemos lo que es correcto? Algo es bueno y moral si Dios lo mira con buenos ojos y malo o inmoral si Dios lo mira con malos ojos. San Pablo afirma que Dios graba algunas de las nociones más básicas de lo que es bueno y lo que es malo en nuestros corazones (ver Romanos 2:15).

La conciencia es la sede de nuestro sentido de la moral. La que nos dice si nuestras acciones son buenas o malas. Yo soy mi conciencia porque tengo la habilidad de discernir el bien del mal y la responsabilidad de elegir lo correcto.

¿Cómo se forma la conciencia? Se comienza respondiendo al llamado de Jesús: "Si alguien me ama, guardará mis palabras, y mi Padre lo amará. Entonces vendremos a él para poner nuestra morada en él" (Juan 14:23). Aceptamos a Jesucristo como nuestro guía, confiando en que sus palabras y su ejemplo nos enseñan la mejor manera de vivir. Estudiamos sus enseñanzas y tratamos de aplicarlas en nuestra vida diaria. Nuestra fuente para el estudio de las enseñanzas de Cristo es la Biblia; nuestro punto de partida es el amor, que lo incluye todo.

Cuando un hombre preguntó a Jesús: "Maestro bueno, ¿qué tengo que hacer para conseguir la vida eterna?" Jesús le respondió: "Ya conoces los mandamientos: No mates, no cometas adulterio, no robes, no digas cosas falsas de tu hermano, no seas injusto, honra a tu padre y a tu madre" (Marcos 10:17–19). Los Diez Mandamientos, a los cuales Jesús se refería, fueron aceptados por los judíos como la voluntad de Dios desde que Moisés los recibió en el Monte Sinaí (Éxodo 20:1–20;

Deuteronomio 5:1–21). Estos Mandamientos han sido la norma moral para un sinnúmero de generaciones.

Los mandamientos también pueden ayudarnos a discernir el verdadero significado del amor. La palabra amor se usa de muchas maneras y podemos engañarnos suponiendo que el amor es lo que motiva nuestras acciones cuando en realidad no lo es. Los Mandamientos dejan en claro que el asesinato, el adulterio, el robo y cosas similares nunca demuestran amor. Jesús nos enseñó más allá que una mera confirmación de los Diez Mandamientos. Nos instó a alcanzar una meta mejor: "Ustedes han escuchado lo que se dijo a sus antepasados: 'No matarás; el homicida tendrá que enfrentarse a un juicio.' Pero yo les digo: Si uno se enoja con su hermano, es cosa que merece juicio. El que ha insultado a su hermano, merece ser llevado ante el Tribunal Supremo; si lo ha tratado de renegado de la fe, merece ser arrojado al fuego del infierno" (Mateo 5:21–22). Jesús afirmó que debemos evitar los pensamientos impuros, no únicamente el adulterio. Se debía abandonar las costumbres antiguas que permitían el divorcio, la venganza y el odio, y optar por el amor.

Los fariseos de la época de Jesús imponían unos reglamentos legales muy estrictos a la gente. Cuando los discípulos de Jesús tuvieron hambre y empezaron a desgranar espigas, los fariseos los acusaron de cosechar, algo que no se podía hacer en sábado (Éxodo 34:21). Jesús defendió a sus seguidores enseñando que el sábado había sido creado para el hombre y no el hombre para el sábado (Marcos 2:23–28).

En sus enseñanzas, Jesús nos anima a ir más allá de la legalidad, hacia lo que verdaderamente fomenta el amor. Dijo: "No crean que he venido a suprimir la Ley o los Profetas. He

---

Jesús propuso un estilo de vida que era contrario al de Israel y al del Imperio romano. Y hoy día todavía contradice las normas de nuestra sociedad. Este estilo tiene tres partes:

Compartir los bienes.
Jesús pidió que se compartieran los bienes con los pobres. Su llamado a "vender lo que tienen y dar el dinero a los pobres" es una manera de corregir una injusticia.

Ser servidores.
Jesús atacó el uso tradicional del poder. "Él que quiera ser el más importante entre ustedes, que se haga el servidor de todos; y el que quiera ser el primero, que se haga siervo de todos." (Marcos 10:43–44).

Apoyar la justicia.
Los comentarios más fuertes de Jesús fueron para quienes abusaban de su autoridad. "¡Pobres de ustedes, fariseos, porque dan para el Templo la décima parte de todas las hierbas, sin olvidar la menta y la ruda, y mientras tanto descuidan la justicia y el amor a Dios! Esto es lo que tienen que hacer, sin dejar de hacer lo otro" (Lucas 11:42).

venido, no para deshacer, sino para traer lo definitivo" (Mateo 5:17). Las leyes son necesarias y buenas. Sin embargo, los seguidores de Cristo tienen que esmerarse constantemente por examinarlas a la luz de la mente y el corazón de Cristo.

Los católicos creemos que contamos con otros recursos a nuestra disposición para formar la conciencia: las enseñanzas de la Iglesia. Jesús está presente en su Iglesia. Ha dado a sus líderes la autoridad para hablar y actuar en su nombre: "Yo te daré las llaves del Reino de los Cielos: lo que ates en la tierra quedará atado en el Cielo, y lo que desates en la tierra quedará desatado en el Cielo" (Mateo 16:19).

Los cristianos del Nuevo Testamento buscaban la ayuda de sus líderes en las cuestiones morales. Así, los corintios escribieron a Pablo para pedirle consejo (1 Corintios 7:1). Todas las cartas del Nuevo Testamento ofrecen consejos sobre la moral y algunas, especialmente las cartas pastorales, dan reglas de conducta en cuestiones de organización de la Iglesia, relaciones con los demás y la vida diaria.

Desde entonces la Iglesia católica ha guiado a sus miembros en cuestiones de moral. Lo ha hecho por medio de leyes e instrucciones dictadas por los pastores, los obispos y los papas. Los líderes de la Iglesia tienen la responsabilidad de enseñar cómo el evangelio se relaciona con la vida actual y promulgar leyes como las que contiene el Código de Derecho Canónico, para guiarnos.

A lo largo de la historia de la Iglesia ha habido grandes maestros de teología moral como san Alfonso María de Ligorio y grandes maestros de la vida espiritual como santa Teresa de Ávila. Sus escritos han ayudado a formar las conciencias de generaciones de católicos y han establecido principios morales útiles durante siglos.

Hoy en día, hay teólogos y escritores espirituales que poseen cualidades especiales para ofrecer consejos sobre la moral. Cuando nos enfrentamos a decisiones difíciles, los moralistas y los consejeros espirituales, pasados y presentes, pueden ofrecer valiosos consejos.

Las enseñanzas de Jesucristo y de la Biblia, los consejos de la Iglesia, las instrucciones de los moralistas y las experiencias son las fuentes con las que contamos para formar una buena conciencia. Todo esto nos da una guía objetiva para que nuestras decisiones no sean sólo subjetivas y emocionales.

Debemos esforzarnos constantemente por permanecer unidos a Jesús, actuando siempre de acuerdo a sus enseñanzas. La manera como tratamos a nuestra familia, a nuestras amistades, a nuestros colegas y a los demás, debe ser fruto de la relación que tenemos con Cristo. Nuestras decisiones en el trabajo, las opciones en el campo de la política y las relaciones sociales deben estar de acuerdo con lo que Cristo haría si estuviera en nuestro lugar.

¿CÓMO puedo hacerlo vida?

- *¿Qué ley considero que tengo "grabada" en mi corazón?*

- *Describe una situación reciente en la cual tuviste que elegir entre lo correcto y lo incorrecto. ¿Cómo decidí lo que debía hacer?*

- *Elige uno de los mandamientos. Describe cómo el mundo sería diferente si todos lo cumplieran.*

La justicia social es el corazón del cristianismo

El amor de Cristo nos desafía a trabajar por la paz y la justicia y a tener una preocupación especial por los pobres. Jesús nos advirtió que nuestro destino eterno se determina en base a cuán dispuestos estamos a ayudar a los demás. Y nos recordó que lo que hacemos a los demás también se lo hacemos a Él (Mateo 23:31–46).

Desde el inicio, la Iglesia intentó comprender y vivir el mandamiento de Jesús "que se amen unos a otros como yo los he amado" (Juan 15:12). Así como la práctica de la caridad caracteriza las vidas de los santos más nobles, el llamado a la responsabilidad social ha sido una labor necesaria para los líderes en la Iglesia. Uno de los líderes, San Ambrosio, escribió: "Dios creó el universo de tal manera que todos en común pudieran sacar su alimento de él, y que la tierra también fuera propiedad común. ¿Por qué rechazas a alguien que tiene los mismos derechos que tú? No es de tus bienes que le das al mendigo, sino una porción de lo suyo que le devuelves. La tierra pertenece a todos".

La doctrina social de la Iglesia brota de la convicción de que todos tenemos un valor inalienable, por haber sido creados a imagen de Dios. Somos la culminación de toda la creación y nuestro destino es pasar la eternidad con Dios. El ser humano tiene derecho al mayor respeto y cuidado posibles.

Nos deben importar las injusticias porque a Dios le importan. A Dios le dolió ver a los judíos esclavizados en Egipto: "He visto la humillación de mi pueblo en Egipto, y he oído sus quejas cuando lo maltrataban sus mayordomos. Me he fijado en sus sufrimientos, y he bajado, para librarlo..." (Exodo 3:7–8).

Cuando Dios estableció a su pueblo en su tierra, cada familia y tribu recibió su propio terreno, porque todos eran hijos de Dios. Dios sabía que, con el tiempo, algunos perderían sus tierras debido a las deudas o a las enfermedades. Por ese motivo, Dios estableció una ley que fue un concepto verdaderamente revolucionario.

Proclamó un año de jubileo: "El año cincuenta será para ustedes un año santo, un año en que proclamarán una amnistía para todos los habitantes del país. Será para ustedes el jubileo. Los que habían tenido que empeñar su propiedad, la recobrarán. Si no halla lo suficiente para recuperarla, lo vendido quedará en poder del comprador hasta el año del jubileo; entonces la tierra quedará libre y volverá al que la vendió" (Levítico 25:10,28). La ley de la propiedad privada claramente pasó a un segundo lugar ante una ley de mayor importancia: cada persona tenía derecho al terreno de la familia. Si alguien perdía su terreno y no podía volver a comprarlo, le pertenecería de nuevo en cincuenta años. De esta manera no se podrían acumular grandes fortunas a costa de los pobres.

Jesús fue muy claro desde el comienzo de su ministerio público. Él leyó este pasaje en la sinagoga de Nazaret: "El Espíritu del Señor está sobre mí. El me ha ungido para llevar buenas noticias a los pobres, para anunciar la libertad a los cautivos y a los ciegos que pronto van a ver, para poner en libertad a los oprimidos y proclamar el año de gracia del Señor" (Lucas 4:18–19; Isaías 61:1–2). No es posible comprender el punto de vista de Jesús sin tomar en cuenta la manera en que se describió a sí mismo, su ministerio y sus valores. Cristo no es sólo un escape de los rigores de la vida, antes bien, las Escrituras lo describen preocupado por el dolor y la angustia que son parte de la vida.

> La época moderna del pensamiento social católico dio inicio con la encíclica sobre la condición de los trabajadores (1891) del papa León XII.

Aunque Jesús no era un funcionario político, nunca vaciló en hablar de asuntos relacionados con la política. La Iglesia trata de seguir su ejemplo y no rehúye los asuntos políticos, con mayor motivo cuando se amenazan los derechos humanos. El mensaje evangélico de Jesús no demostró componendas con ningún partido político, pero fue político en cierta manera, pues se preocupaba por las personas—cómo vivían, su libertad, sus derechos humanos inalienables. La Iglesia tiene que ser levadura de paz, justicia e igualdad para todas las personas, una defensora implacable de la dignidad y los derechos del pueblo de Dios.

La época moderna del pensamiento social católico dio inicio con la encíclica sobre la condición de los trabajadores (1891) del papa León XII. El papa escribió su carta como una súplica para terminar la explotación de los obreros, en respuesta a los grandes cambios en la sociedad europea, engendrados por la industrialización y la urbanización. Pidió que los obreros recibieran un salario justo y tuvieran el derecho de formar agrupaciones. El papa también aclaró que la tradición católica apoya el derecho a la propiedad privada y a obtener ganancias razonables.

El mensaje social de la Iglesia ha resonado en las últimas décadas no sólo por tratarse de encíclicas sociales de los papas, sino por los asuntos sociales que tratan: "Hay quienes profesan amplias y generosas opiniones, pero en realidad viven siempre como si nunca tuvieran cuidado alguno de las necesidades sociales" (Gaudium et spes #30).

Los cristianos de hoy están llamados a ir más allá de la "moral individual". Uno de los documentos más importantes del Concilio Vaticano Segundo, la Constitución pastoral sobre la Iglesia en el mundo actual, declara, "El deber de justicia y caridad se cumple cada vez más contribuyendo cada uno al bien común según la propia capacidad y la necesidad ajena, promoviendo y ayudando a las instituciones, así públicas como privadas, que sirven para mejorar las condiciones de vida del hombre".

El primer fundamento de la enseñanza social católica es la dignidad esencial de cada ser humano. El segundo, es la naturaleza social de la humanidad. Desde el momento de nuestra concepción dependemos de otros. Primero dependemos de la familia y más tarde, como miembros de la sociedad, cada uno de nosotros depende de los demás, no sólo en cuanto a nuestro bienestar físico, sino también en cuanto a nuestro desarrollo espiritual.

Todos necesitamos de la sociedad para desarrollar nuestro potencial humano. Los cristianos necesitamos una comunidad de fe para el culto y para acercarnos más a Dios. Debido a esta dimensión social, el bienestar de la sociedad es algo que preocupa a la Iglesia.

Jesús propuso un estilo de vida contrario al de Israel y al del Imperio romano. Hoy en día continúa contradiciendo las normas de nuestra sociedad. Este estilo de vida se compone de tres elementos fundamentales:

Compartir los bienes. Jesús pidió que se compartieran los bienes con los pobres. Su llamado a "vender lo que tienes y dar el dinero a los pobres" es una manera de corregir una injusticia.

Ser servidores. Jesús desafió el concepto tradicional del uso del poder. "El que quiera ser el más importante entre ustedes, debe hacerse el servidor de todos, y el que quiera ser el primero, se hará esclavo de todos" (Marcos 10:43–44).

Apoyar la justicia. Jesús dirigió sus más fuertes palabras a quienes abusaban de la autoridad. "¡Pobres de ustedes, fariseos! Ustedes dan para el Templo la décima parte de todo, sin olvidar la menta, la ruda y las otras hierbas, pero descuidan la justicia y el amor a Dios. Esto es lo que tienen que practicar, sin dejar de hacer lo otro" (Lucas 11:42).

¿CÓMO puedo hacerlo vida?

- *¿Por qué hay gente "buena" que ignora a quienes sufren?*

- *¿Qué dijo Jesús acerca de la justicia social?*

- *¿De qué manera ignoramos a las personas que no queremos ver?*

La ética constante de la vida

La mayoría de nosotros no tiene problema en reconocer la santidad de la vida en determinados ámbitos que nos conmueven de manera personal. Quien ama a los bebés seguramente se sentirá atraído por las iniciativas que protegen a los que aún no han nacido. Una mujer horrorizada por la guerra (quizá por su propia experiencia en las fuerzas armadas), querrá ayudar a las organizaciones que promueven la paz.

El problema es que muchos de nosotros padecemos de lo que los filósofos éticos llaman, la incapacidad de ver ciertos valores. Es posible que, al igual que algunos no distinguen los colores, tampoco nos demos cuenta de ciertos grandes valores, debido a nuestra educación, nuestras experiencias y nuestra cultura. Por ejemplo, una persona criada para ser autosuficiente, puede no darse cuenta de tantas personas que sufren pobreza sin merecerlo, cuyas desventajas se podrían eliminar con ayuda.

Para ser buenos testimonios de una reverencia constante por la vida en todas sus expresiones, no es suficiente con comprender la enseñanza moral de la Iglesia sobre temas específicos, necesitamos también explorar los temores que nos impiden ver los valores que hay que defender.

El aborto y el valor excepcional de la vida

En vista de los millones de abortos que se han realizado en los Estados Unidos desde el caso Roe v. Wade, la Iglesia ha hecho ver que siempre ha enseñado que el aborto es un mal moral en toda la extensión de la palabra. Se trata de una acción completamente opuesta a la voluntad de Dios y a las leyes de la naturaleza y por eso nunca se puede permitir.

Cuando el aborto se examina a la luz del día, fácilmente se reconoce como una tragedia terrible. Sin embargo, la incapacidad de ver ciertos valores se demuestra cuando el enfoque se centra únicamente en la madre pobre, joven o ansiosa. El sentimiento de compasión puede ocultar otra realidad básica: ¡la vida misma del no nacido que está en juego!

Esta ceguera también oculta otras verdades: los efectos físicos, sicológicos y espirituales que el aborto tiene en otras víctimas—no sólo la madre, sino el padre, los hermanos, los abuelos y todas las personas relacionadas con esta tragedia.

La guerra y los derechos de los inocentes

Esforzarse por alcanzar las metas naturales de la vida sin temor a ser agredidos, es un derecho básico de todas las personas inocentes. Mientras que la doctrina católica siempre ha permitido la legítima defensa de una guerra para proteger a los inocentes de una invasión injusta, la naturaleza de la guerra moderna ha aumentado enormemente el énfasis en trabajar por la paz en cualquier circunstancia.

"El horror y la maldad de la guerra se acrecientan inmensamente con el incremento de las armas científicas. Con tales armas, las operaciones bélicas pueden producir destrucciones enormes e indiscriminadas, las cuales, por tanto, sobrepasan excesivamente los límites de la legítima defensa... Toda acción bélica que tienda indiscriminadamente a la destrucción de ciudades enteras o de extensas regiones junto con sus habitantes, es un crimen contra Dios y la humanidad que hay que condenar con firmeza y sin vacilaciones" (La Iglesia en el mundo actual, #80).

A pesar de declaraciones tan evidentes, el temor que muchas personas tienen a los gobiernos totalitarios, puede cegarlos ante la manera en que la política de la guerra es capaz de llevarnos hacia la destrucción de vidas inocentes. Es de suma importancia que el amor por las vidas inocentes, incluyendo las de ciudadanos de países cuyos gobiernos son agresivos, nos ayude a evitar el uso de métodos de defensa que restan valor a esas vidas.

La eutanasia y la santidad de la vida

En tiempos recientes, muchos cristianos han sido confundidos en relación con la eutanasia debido a dos razones:

- Los avances médicos modernos han hecho posible que muchas personas que hubieran muerto, sigan viviendo aunque las circunstancias sean difíciles para ellas y para quienes las cuidan.

- Las organizaciones pro-eutanasia han promovido la idea de que la muerte es un derecho básico de las personas cuyo dolor físico o mental es insoportable. Desde su punto de vista, ayudar a proveer "una muerte digna", es un noble deber para quienes aman a esa persona.

El Magisterio católico afirma que la muerte planeada de los enfermos o de los incapacitados se opone a la ley de Dios. No se permite la suspensión de los medios ordinarios de tratamiento como los sueros intravenosos, la comida y el agua. Tampoco se permite negar la cirugía común en el caso de bebés y gente inválida. La excepción es cuando se trata de medios extraordinarios en esas circunstancias.

Por el contrario, no hay obligación por parte de los individuos o de las personas que los cuidan de prolongar procedimientos dolorosos cuando no hay esperanza de recuperación. En lugar de rehuir la enfermedad y el proceso final buscando una muerte rápida del ser querido, quienes los cuidan atesoran sus últimos momentos y los ayudan a cargar con su cruz. Al mismo tiempo, demuestran su fe en la promesa de la vida eterna al proveer al enfermo los sacramentos de la Penitencia, la Unción de los Enfermos y la Eucaristía. Permiten así a sus seres queridos resguardarse en las manos del Señor.

La pena de muerte o la misericordia

La Iglesia católica siempre ha procurado balancear la justicia y la misericordia en lo referente a los asesinatos. En el caso de una culpabilidad absoluta, la justicia acredita el castigo, incluso el de la pena de muerte. Por otro lado, la misericordia aconseja la clemencia.

En el pasado la Iglesia expresaba su amor por los que cometían incluso los crímenes más terribles, al rezar por ellos, visitarlos en prisión y al administrarles los sacramentos. Más recientemente, los obispos de los Estados Unidos han optado por enfatizar el valor de cada vida humana, sin importar cuán culpable sea el individuo, promoviendo la abolición de las leyes estatales que apoyan la pena de muerte.

Algunos cambios en las circunstancias históricas han modificado también la orientación de la Iglesia. La habilidad que los gobiernos estatales tienen para hacer cumplir la cadena perpetua, elimina la antigua consideración del criminal como una amenaza para la sociedad.

Los católicos se preocupan por la seguridad de los inocentes y también por dar testimonio del valor absoluto de la vida, incluso la de los criminales. De esta manera expresan su amor al prójimo y sus esfuerzos por mejorar las condiciones de la familia y de la sociedad.

¿CÓMO puedo hacerlo vida?

- *Describan una experiencia que les ayudó a demostrar el valor de la vida humana.*

- *¿Qué puedo hacer en casa, en el trabajo y en la parroquia para promover el respeto por la vida?*

- *¿Qué puedo hacer para ayudar a una persona que sufre de una enfermedad mortal o crónica?*

La dignidad de la vida humana

El Papa Juan Pablo II dice: "Todos los seres humanos deben valorar a cada persona por su singularidad como criatura de Dios, pues todos estamos llamados a ser hermanos y hermanas en Cristo. Este llamado explica nuestros esfuerzos por defender la vida humana contra toda influencia o acción que la amenace o la debilite".

Los obispos de Estados Unidos han enumerado cuatro prioridades que la sociedad debe tener presente al buscar respuesta a la pobreza:

- Cubrir las necesidades básicas de los pobres.
- Aumentar la participación activa de las minorías y los marginados en la sociedad.
- Invertir más riquezas y talento en aquello que beneficia directamente a los pobres.
- Evaluar el efecto de las políticas y los programas sociales en los pobres.

Para los católicos, valorar la vida va más allá del mandamiento de no matar. Valorar la vida es asegurar que cada persona pueda vivir con dignidad. La espiritualidad cristiana nos exige no aceptar en la sociedad nada que prive de humanidad a las personas, que las reprima o niegue sus derechos y su dignidad.

La justicia económica

"La ética de la vida económica en la sociedad responde a tres preguntas básicas: ¿Qué hace la economía por las personas? ¿En qué les afecta? y ¿Cómo participan las personas en ella?"

Así comenzaron los obispos de los Estados Unidos la carta pastoral de 1986, "La justicia económica para todos". En ella, los obispos insisten en que las decisiones y las actividades económicas tienen una dimensión moral porque afectan a cada persona y realzan o disminuyen la dignidad humana.

La Iglesia cuenta con una larga tradición en la defensa de los pobres. A través de los siglos, hombres y mujeres heroicos han dado su vida por este ideal. Hoy en día, la Iglesia pide que demos un paso más, porque "la caridad requiere algo más que aliviar la miseria. Requiere un amor genuino por las personas necesitadas. Debe desvelarse el significado del sufrimiento y provocar una respuesta que busque remediar sus causas" (La justicia económica para todos, #355).

La igualdad: un Creador, un destino

A todos los seres humanos, sin importar su raza, credo, sexo, origen, preferencia sexual, ideas, partido político, etc. se les debe tratar con dignidad. Todos han sido creados por Dios, redimidos por Cristo y llamados a pasar la eternidad con Dios en el cielo.

Aunque la mayoría de la gente está de acuerdo con esto, todavía son bastante comunes los prejuicios en contra de algún grupo. De acuerdo con muchos psicólogos, el prejuicio se basa en la tendencia humana de enfocar nuestros peores temores e inseguridades en otra persona u otro grupo.

En "Nuestros hermanos y hermanas", los obispos católicos de Estados Unidos condenaron el racismo, llamándolo "un mal radical que divide la familia humana y niega la nueva creación de un mundo redimido". Además, los obispos piden a la Iglesia que fomente el liderazgo y las vocaciones de grupos minoritarios; que fomente la diversidad de expresión litúrgica; que apoye los programas de acción afirmativa y que mantenga abiertas las escuelas parroquiales donde viven las minorías.

La Iglesia ha renovado su pastoral con los indígenas por medio de la Conferencia Tekakwitha, con los hispanos por medio de las reuniones de Encuentro y, más recientemente, con los afro-americanos por medio del National Black Catholic Congress. Estos esfuerzos afirman la presencia de minorías en la Iglesia y reconocen los dones que estas culturas aportan al cuerpo de Cristo.

La igualdad entre hombres y mujeres

El Concilio Vaticano Segundo declaró en su Constitución sobre la Iglesia en el mundo actual que "toda forma de discriminación en los derechos fundamentales de la persona, ya sea social o cultural, por motivos de sexo, raza, color, condición social, lengua o religión, debe ser vencida y eliminada por ser contraria al plan divino... Es lo que sucede cuando se niega a la mujer el derecho de escoger libremente esposo y de abrazar el estado de vida que prefiera o se le impide tener acceso a una educación y a una cultura iguales a las que se conceden al hombre" (#29).

El Papa Juan Pablo II escribió una "meditación" titulada "Sobre la dignidad y la vocación de las mujeres". Aunque le preocupaba que ciertas formas del feminismo pudieran llevar a las mujeres a hacerse más "masculinas" y a perder su "riqueza esencial", el Papa afirmó repetidamente la igualdad entre hombres y mujeres.

La responsabilidad por la creación

La preocupación que los cristianos sentimos por el medio ambiente comienza cuando compredemos que el mundo es un regalo de Dios. La tradición cristiana nos enseña que debemos atesorar el regalo de la creación utilizándolo para el propósito que el Creador tuvo en mente.

La creación, el regalo más precioso de Dios, debe usarse para el bien de todos de acuerdo a la doctrina social de la Iglesia. El Concilio Vaticano Segundo declaró que "Dios ha destinado la tierra y cuanto ella contiene para uso de todos los hombres y pueblos... Por tanto, el hombre, al usarlos, no debe tener las cosas exteriores que legítimamente posee como exclusivamente suyas, sino también como comunes, en el sentido de que no le aprovechen a él solamente, sino también a los demás" (Constitución sobre la Iglesia en el mundo actual, #69).

Los cristianos se distinguen porque su interés por la protección del medio ambiente se debe al agradecimiento que sienten y no al miedo. Para corregir el desequilibrio creado por nuestra civilización se necesita actuar con urgencia. Si lo único que nos motiva es el miedo, lo mejor que podemos hacer es evitar aquello que resulta dañino. Pero más bien necesitamos lograr un desarrollo social y económico sustentable, de manera que un número mayor de personas se beneficie y pueda proteger el ambiente.

El mundo del trabajo y el trabajo del mundo

En la carta encíclica de 1981, sobre el trabajo humano, el papa Juan Pablo II no sólo confirmó el apoyo tradicional de la Iglesia por las asociaciones y por un sueldo justo, sino que analizó otra vez el significado del trabajo en la vida humana. El Papa declaró que la vida humana mejora día a día por el trabajo, y que de este deriva también su dignidad. Debemos prestar atención al trabajo porque puede realizar a los seres humanos o destruirlos.

El trabajo humano no debe ser únicamente otro componente del proceso de producción, a la par con el capital, la tecnología, la materia prima, etc. El trabajo no es sólo algo que uno "vende" en el mercado. Los obispos católicos de los Estados Unidos escribieron: "Todo trabajo tiene un triple significado moral: primero, es la manera principal en que las personas ejercen la capacidad humana para expresarse y realizarse. Segundo, es la manera ordinaria para que los seres humanos cubran sus necesidades materiales. Por último, el trabajo deja que las personas contribuyan al bienestar de la comunidad. El trabajo no sólo es algo individual. Es algo para la familia, para la nación y, de hecho, para el beneficio de toda la familia humana" (La justicia económica para todos, #97).

¿CÓMO puedo hacerlo vida?

- *Nombren una decisión financiera en la cual tomaron parte recientemente.*
  ¿Cómo ayudó o perjudicó a otras personas?

- *¿Qué grupos sufren prejuicios en mi comunidad?*

- *¿Tiene la sociedad la obligación de enmendar las injusticias sociales que algunos grupos han sufrido? Expliquen su respuesta.*

Concluya la sesión con la lectura de Mateo 5:42–45:

Da al que te pida, y al que espera de ti algo prestado, no le vuelvas la espalda. Ustedes han oído que se dijo: "Amarás a tu prójimo y no harás amistad con tu enemigo." Pero yo les digo: Amen a sus enemigos y recen por sus perseguidores, para que así sean hijos de su Padre que está en los Cielos. Porque Él hace brillar su sol sobre malos y buenos, y envía la lluvia sobre justos y pecadores.

MATERIAL COMPLEMENTARIO

Medina, J. Antonio. *Temas calientes para jóvenes cristianos*. Libros Liguori.

Oración final: Dios bondadoso, te damos gracias por el don de tu Iglesia. Ayúdanos a vernos como miembros valiosos del cuerpo de Cristo, cada cual con los dones y talentos que aportamos a la comunidad de fe. Abre nuestros ojos a la belleza de tu obra en todas las personas y en todos los lugares, y danos la gracia de crecer en la fe y el amor. Amén.

SESIÓN 9

La vida cristiana: Parte 2

¿QUIÉN? ¿Quién escribió algunas de las guías más perdurables para el discernimiento y cuáles son?

¿QUÉ? ¿Qué elementos pueden ayudarnos a discernir la voluntad de Dios en nuestra vida?

¿CUÁNDO? ¿Cuándo sabemos cuando hemos tomado una buena decisión?

¿DÓNDE? ¿Dónde pueden encontrar los cristianos, oportunidades para hacer la labor de Dios?

¿POR QUÉ? ¿Por qué es importante pedir luz sobre nuestras opciones antes de tomar una decisión final?

Canto de entrada: La sesión comienza con un canto litúrgico conocido.

Oración inicial: Dios Creador, nos has llamado a esta comunidad conocida como la Iglesia católica. Bendice nuestro trabajo durante la sesión de hoy, para que entendamos mejor quiénes somos y de dónde venimos como miembros de la Iglesia. Abre nuestra mente y nuestro corazón a tu palabra y a las palabras de los que nos hemos reunido hoy. Inspíranos con tu espíritu y guíanos en el camino de Jesucristo, nuestro Señor. Amén.

Lectura: Mateo 5:1–12

A continuación se tiene una reflexión en silencio durante algunos minutos.

¿Qué es la santidad?

Todos los que nos sentimos atraídos hacia Jesucristo tenemos ante nosotros el reto más grande: vivir en su Reino y convertirnos en personas santas como Él.

Algunas sugerencias para estimular el hambre y la sed de santidad

Orar. Pidamos a Dios que cree en nosotros un deseo por Él y por su reino. Un deseo tan fuerte como para encaminarnos hacia la santidad personal.

Hacer algo concreto. Esforcémonos por ser santos. No importa si lo que hacemos es grande o pequeño. Puede ser un cambio en la manera como vivimos o trabajamos. Puede ser la eliminación de un hábito. Sea lo que sea, hagámoslo abiertamente para darle impulso, para alimentar y dar fuerza a nuestro deseo.

Pensar en las ventajas de la santidad. La santidad engendra la paz, nos libra del miedo y de las preocupaciones. La santidad es una cualidad de la vida que nos hace libres para amar y ser amados sin obstáculos. Pero la santidad también exige un compromiso de vivir siguiendo el ejemplo de Jesús. Utilicemos la imaginación y, en un lugar tranquilo, pensemos en todo esto. Si ayuda, se puede escribir lo que vayamos reflexionando.

Hacer una lista de las dificultades. Principalmente aquellas que experimentamos actualmente en nuestra vida. Al lado de cada una, escribamos el efecto que la santidad tendría en ese problema. Por ejemplo:

El hoy me ofrece:	*La santidad me ofrece:*
El miedo	La paz y la seguridad con Dios
Conflictos con el cónyuge y otras personas	La paz interior y con otras personas
Confusión en las prioridades	La libertad para amar
Ansiedad por el trabajo	El deseo por la santidad y bendiciones de todo tipo

¿Qué es lo que más anhelan? Piensen en eso por unos minutos. ¿Es algo material? ¿Tiene que ver con otras personas? ¿Es algo que no se puede tocar, difícil de expresar? ¿Es la santidad? ¿Es Dios? Y ¿Cuánto tiempo, esfuerzo, energía, pensamiento, cuidado y práctica invierten en realizarlo?

Jesús ha dicho que quienes tienen hambre y sed de santidad recibirán su recompensa. Sólo tenemos que desearla, pero hemos de hacerlo al igual que una persona hambrienta desea comer.

A muchos de nosotros nos han enseñado que la verdadera santidad sólo es posible para los santos, los héroes, las monjas y los sacerdotes. Recordemos que cuando examinamos a los santos o a los héroes lo hacemos *a posteriori*, frase del latín que significa "después de…". ¿Lograron la santidad fácilmente? ¿Fueron siempre tan santos como los consideramos ahora?

Los santos crecieron y maduraron tal como nosotros tenemos que hacerlo. Ellos ansiaban la santidad. Su deseo de santidad influyó en sus decisiones, les ocupó la mente y afectó sus sentimientos. Ese deseo era una fuerza activa en su vida diaria.

Si queremos la santidad, hemos de pasar el tiempo pensando en ella. Podemos pensar en su belleza. Podemos ansiar sus resultados. Podemos animar cada pensamiento que conduce a la santidad que deseamos. Nuestras actitudes causan acciones y resultados que podemos ver. Cuando deseemos la santidad, cuando pensemos en ella, entonces será parte de nuestra vida cotidiana.

Lo contrario también es cierto, como dice Mateo 5:30: "Y si tu mano derecha te lleva al pecado, córtala y aléjala de ti; porque es mejor que pierdas una parte de tu cuerpo y no que todo tu cuerpo sea arrojado al infierno". Jesús habla del cuerpo como una metáfora. Si quieren la santidad, querrán deshacerse de cualquier cosa que se interponga en su camino.

Si estamos ocupados con tantas cosas que no conducen a la santidad, nunca la alcanzaremos. Pero si nos deshiciéramos de lo que nos estorba (o como Jesús dijo, nos cortáramos la mano derecha), entonces habría lugar para la santidad.

La bondad no llega a la fuerza. Si queremos que sea parte de nuestra vida, tenemos que invitarla. Es posible que los aspectos que eliminamos de nuestro ser no sean malos, que para la mayoría de nosotros sólo sean distracciones. Sin embargo, las distracciones son muy poderosas si con el paso del tiempo sustituyen nuestro deseo de santidad. Si pasamos la vida explorando los caminos que nos distraen, nunca llegaremos a Dios.

En algún lugar de nuestro interior, a nuestro alcance, hay una grieta pequeñita. Por esa abertura podemos llegar a la plenitud de la vida, a la plenitud del amor, a la plenitud de la paz, a la plenitud de la alegría. Es nuestro derecho como seres humanos, como hijos o hijas de Dios. Dios no ha querido hacerlo difícil. Ustedes y yo lo hemos hecho difícil al enfocarnos en otras cosas.

Pero podemos encontrar el camino y vencer los obstáculos que hemos creado. Podemos seguir el camino de la abertura que lleva a la vida. El camino no es ancho ni fácil, pero existe. Empieza donde cada uno se encuentra en este momento.

¿CÓMO puedo hacerlo vida?

- *¿Cuánto tiempo dedico a mis quehaceres cotidianos? De acuerdo a el tiempo que invierto, ¿qué es lo que más deseo?*

- *Nombren una cosa que se interpone al deseo por alcanzar la santidad.*
  ¿Qué puedo hacer para cambiar esta situación?

- *¿Conozco a alguien que considero santo?*

El discernimiento

La vida está llena de decisiones y algunas veces es difícil saber exactamente lo que Dios nos está pidiendo. Sin embargo, tenemos a nuestra disposición la ayuda divina para tomar estas decisiones.

El proceso de tomar una decisión, al que a menudo llamamos discernimiento, puede ser un proceso complicado debido a que no nos conocemos a nosotros mismos, a nuestra falta de libertad interior y a la gran habilidad que tenemos para tratar de que Dios diga "sí" a lo que queremos. Sin embargo, nada de esto debe desanimarnos.

Como cristianos, creemos que, puesto que el Espíritu Santo vive en nuestros corazones (ver 1 Corintios 6:19), podemos llegar a un buen entendimiento de la verdad de Dios para nuestra vida. Con el Espíritu Santo de nuestra parte y con la buena disposición de aprender—por la lectura, la conversación con otros cristianos maduros y, especialmente, por la experiencia—podemos aumentar nuestra habilidad de reconocer y discernir entre la voz de Dios y las demás.

No existen métodos infalibles que nos aseguren cuál es la voluntad de Dios en cada momento, pero existen normas específicas que nos pueden ayudar a percibir y discernir el llamado de Dios y su acción en nuestra vida. San Ignacio de Loyola nos dio algunas de las guías más duraderas en sus Ejercicios espirituales. Al mejorar en el arte de tomar decisiones, desarrollaremos el mejor método para cada uno de nosotros.

¿Qué es lo que puede ayudarnos discernir la voluntad de Dios de manera eficaz?

Vivir una vida centrada en Dios.

Conocer a Dios y cómo actúa.

Dedicar momentos a la reflexión.

Mantenernos abiertos a Dios.

Conocernos a nosotros mismos.

A continuación encontrarán siete pasos que se basan en las guías de san Ignacio.

1. Formulemos una idea o pregunta.

Empecemos con una idea o pregunta clara de lo que queremos decidir. Por ejemplo: "¿Me convendría cambiar de carrera?" "¿Me convendría terminar mi relación con fulano o con fulana?" "¿Me convendría participar en algún ministerio de la parroquia?" Desde el comienzo y a través del proceso, debemos pedir a Dios que nos revele su verdad y nos conceda la libertad interior para llevarla a cabo.

2. Consigamos la información necesaria.

Pensemos en varias alternativas y sus ventajas y desventajas. Por ejemplo, es posible que haya más opciones a nuestra disposición que únicamente las de renunciar o continuar en el mismo trabajo o en la misma relación. Quizá sea posible que continuemos en el mismo trabajo o en la misma relación, pero tratando de realizar (o exigir) algunos cambios específicos.

Identifiquemos algunos obstáculos posibles. ¿Qué necesidades, compulsiones y apegos excesivos impiden que escuchemos la palabra de Dios y que hagamos su voluntad? ¿Hasta qué punto estamos aferrados a una alternativa en particular? ¿Cuán libres somos de elegir cualquier alternativa si creemos que es la voluntad de Dios?

Al tratar de tomar una decisión sería muy conveniente hablar con un buen consejero, ya sea un director espiritual o un amigo, que nos conozca bien.

3. Llevemos toda la información a la oración.

La base del discernimiento cristiano no es pensar en las ventajas y desventajas de las alternativas que tenemos. Se trata más bien de llevar estas alternativas a la oración y ver cuál de ellas nos hace sentir más la presencia de Dios, su paz y su alegría.

A menudo nos apegamos tanto a determinado camino que no estamos en libertad de ir por otro. Por esta razón es extremadamente importante rezar para pedir la gracia de la libertad interior.

Estamos en libertad interna cuando no nos apegamos a ninguna opción y podemos caminar libremente por el camino que Dios nos llame. Lo ideal es no elegir ninguna opción, hasta tener la libertad de poder elegir cualquiera de ellas. Esta parte del proceso del discernimiento es la más importante y la más difícil.

Al obtener un buen grado de libertad interior por la gracia de Dios, empezamos a rezar pidiendo luz sobre las opciones a nuestra disposición. Aquella que continuamente nos llena de la paz y la alegría de Dios es, probablemente, la que Dios desea para nosotros.

Como parte de este tercer paso, san Ignacio sugiere tres ejercicios imaginarios:

- Primero, consideren qué consejos darían a una persona que se enfrenta a la misma situación.

- Segundo, imaginen que están en su lecho de muerte y pregúntense qué habrían escogido en ese momento.

- Tercero, imaginen que están ante Dios el día del juicio final y piensen en qué decisión desearían haber tomado.

Estos ejercicios ayudan a pensar con objetividad en la decisión que tratamos de tomar.

4. Tomemos una decisión.

En algún momento tenemos que tomar la decisión. Debemos escoger la opción que nos dé la mayor paz cuando oramos.

Si no experimentamos una verdadera paz en ninguna de las opciones a nuestra disposición, pospondremos la decisión o escogeremos la opción menos problemática. No es bueno decidir en medio de dudas. Si tenemos tiempo, hemos de continuar rezando hasta que estemos seguros de una de las opciones.

Necesitamos darnos cuenta de que la mejor opción no siempre va a ser la que más nos guste. Algunas veces podremos sentir que escogimos una opción guiados por las lágrimas—por ejemplo, regresar a un matrimonio en el que sufrimos mucho. Sin embargo, esas lágrimas de tristeza a menudo se convierten en lágrimas de alegría (Ver 2 Corintios 7:8–13).

5. Aceptemos la decisión.

Una vez que hemos tomado la decisión, es bueno esperar un poco antes de actuar. La decisión puede conllevar un cambio importante en la vida, y es probable que necesitemos tiempo para hacer ajustes y comenzar el proceso.

6. Actuemos de acuerdo a nuestra decisión.

Esto puede sonar obvio, pero este paso a menudo es el más difícil, porque en ocasiones tendremos que renunciar a algo que estamos bastante apegados. Pidamos al Espíritu Santo que nos dé el poder y el valor de actuar de acuerdo a lo que creemos que es la voluntad de Dios en nuestra vida.

7. Busquemos la confirmación de la decisión.

La manera de comprobar si "escuchamos" bien la voluntad de Dios, es verificar cuando la ponemos en práctica, si nos da vida a nosotros y a los demás. Si nuestra opción da buenos frutos, podemos estar seguros de que actuamos según la voluntad de Dios. Esto no significa que no vamos a tener problemas en nuestra opción, ni días en que nos preguntemos: "¿Tomé la decisión correcta?" Estos problemas y dudas son normales y no necesariamente significan que tomamos una mala decisión.

El discernimiento no es sólo un don, sino un arte que se aprende practicando y, a veces, cometiendo errores. Dios no nos pide que siempre tengamos razón, sino que siempre tratemos de ser honestos y actuemos de acuerdo a lo que sabemos en ese momento sobre el asunto.

¿CÓMO puedo hacerlo vida?

- *Generalmente, ¿cómo tomo mis decisiones? ¿Me baso en los pensamientos o en los sentimientos? ¿Escriben mis opciones o pido consejo a otras personas?*

- *¿Qué otras "voces", además de la de Dios, influyen mis decisiones?*

- *Recuerden una decisión importante que hayan tomado. ¿Cuáles han sido los resultados? ¿Puedo ver la mano de Dios actuando en esa decisión?*

La evangelización

La evangelización es un concepto tan antiguo como el mismo cristianismo. Las últimas palabras que Cristo nos dirigió antes de ascender al cielo se relacionan con la evangelización: "Vayan, pues, y hagan que todos los pueblos sean mis discípulos. Bautícenlos en el Nombre del Padre y del Hijo y del Espíritu Santo, y enséñenles a cumplir todo lo que yo les he encomendado a ustedes" (Mateo 28:19–20).

La evangelización implica mucho más que llevar el Evangelio a las personas que nunca han escuchado la Buena Nueva. También significa llevar a los cristianos a una conciencia más profunda de la presencia de Cristo en su vida. Por medio de la evangelización, las personas que escuchan la palabra de Dios están más capacitadas para hacer vida esa palabra. Por lo tanto, la evangelización es la base para todo ministerio en la Iglesia.

Algunas sugerencias para la evangelización:

Recen. Pídan a Dios que les indique a quién deben dirigirse: a un vecino, a un compañero de trabajo, al cajero del supermercado o a un miembro de la familia.

Hagan todo lo posible por conocer a las personas que necesitan la evangelización. Averigüen cuáles son sus necesidades espirituales y encuentren cómo acercarse a ellas y satisfacer sus necesidades.

Escuchen a las personas que Dios pone en su camino. Su atención tal vez sirva para dar testimonio de su propia fe, en palabras y en obras.

Empiecen un grupo para estudiar la Biblia o para compartir la fe en su vecindario o en el trabajo.

Organicen un grupo de discusión entre adultos para dar la oportunidad a los católicos marginados de hablar sobre asuntos que los preocupan.

Visiten los hospitales, las personas confinadas en sus casas y las que están en las cárceles. Estas personas necesitan el ánimo de los demás, su presencia alentadora y otras señales de amor y de cariño.

En el año 2004 había aproximadamente 20,000,000 de católicos que no practicaban su religión en los Estados Unidos y más de 80,000,000 de americanos que no pertenecían a ninguna iglesia. Como católicos, necesitamos recuperar la conciencia del llamado básico de Jesús a compartir la fe.

A continuación se expone un plan de cinco pasos para la evangelización, basado en las enseñanzas del papa Pablo VI en la exhortación apostólica, *Acerca de la evangelización del mundo contemporáneo*. Todas las citas son de este documento.

1. Dar testimonio de Cristo

Lo primero que tenemos que hacer para convertirnos en evangelizadores es vivir un estilo de vida que dé testimonio de nuestra fe en Cristo. "El hombre contemporáneo escucha más a gusto a los que dan testimonio que a los que enseñan… o si escuchan a los que enseñan es porque dan testimonio". El testimonio positivo de un católico que ama, que se preocupa por los demás y que perdona, es el método más seguro de atraer a otras personas a Jesús y a la Iglesia. Nadie debe sentirse como un extraño entre nosotros. Debemos ser una Iglesia que da la bienvenida a todos.

2. Compartir la fe

El testimonio sin palabras no es suficiente, "el más hermoso testimonio se revelará a la larga impotente si no es esclarecido, justificado…explicitado por un anuncio claro e inequívoco del Señor Jesús". Jesús es el testigo más grande que ha existido, sin embargo su testimonio no habría llegado a nosotros si no hubiera explicado constantemente lo que la salvación significa para la vida cotidiana. Sus bienaventuranzas, sus parábolas y sus conversaciones, nos enseñan cómo podemos compartir con los demás lo que creemos.

3. Ofrecer la opción del amor

Durante una visita pastoral, el papa Juan Pablo II dijo a la juventud estadounidense: "Les ofrezco la opción del amor, la opción por Cristo… Evangelizar es dar testimonio de Dios como lo reveló Jesucristo, en el Espíritu".

La mejor manera de hacer esto es a través del contacto personal. Las personas atraen personas. El amor engendra amor. La fe en acción se convierte en amor y el amor se convierte en servicio. El mayor servicio es ofrecer la invitación de Cristo a la salvación de la muerte y del pecado por medio de una vida de amor, justicia y misericordia.

4. Desafiar el modo de vivir de la sociedad

Nuestro testimonio católico debe influir en los valores de nuestra sociedad y desafiarnos a ir en contra de la cultura cuando sea necesario. La evangelización significa "transformar con la fuerza del Evangelio los criterios del juicio, los valores determinantes, los puntos de interés, las líneas de pensamiento, las fuentes inspiradoras y los modelos de vida de la humanidad, que están en contraste con la palabra de Dios y con el designio de salvación".

Jesús nos pide que relacionemos el Evangelio con la sociedad. Nos pide que hablemos en favor de los pobres y de los que carecen de vivienda; que demos más importancia al papel del matrimonio y la familia en nuestra sociedad; que eduquemos a nuestros hijos para que respeten la virtud de la paz en vez de la violencia. No podemos separar nuestra vida religiosa de la vida en nuestra cultura, porque la energía oculta del Evangelio tiene el poder de transformar la cultura.

5. Hacer que lo bueno sea mejor

"Estas (culturas) deben ser regeneradas por el encuentro con la Buena Nueva". Esta es nuestra responsabilidad cristiana. Tenemos que hacer todo lo posible para que los avances en el campo de la medicina se usen al servicio de la vida y no para el aborto o la eutanasia. También debemos asegurarnos de que los impuestos que se usan para fabricar semejantes armas de defensa sean sólo para mantener la paz en el mundo. Y debemos encontrar la manera de poner nuestro sistema económico al beneficio de la sociedad.

Lo que hay de bueno en nuestra cultura se puede mejorar por el poder transformador de la Buena Nueva de Cristo. Nuestra Iglesia lo hizo con el Imperio Romano que era pagano, con multitudes de bárbaros y con los ateos durante el Siglo de la Razón. Podemos hacerlo nuevamente con la cultura y la tecnología contemporáneas. El Concilio Vaticano Segundo declaró que debemos enfrentarnos al mundo moderno con alegría y esperanza, con el optimismo del evangelio transformador.

Al fin y al cabo, los primeros que van a escuchar acerca de la evangelización son los católicos activos. Los católicos que están convencidos van a convencer a otros más. Los católicos que trabajan por el bienestar del prójimo van a atraer a otros. Nuestra conversión no se limita a un acontecimiento en la vida o a la experiencia cumbre que algunos protestantes llaman "volver a nacer".

La evangelización es más que un programa – es un proceso. La llamada de Cristo a edificar su Iglesia se debe ofrecer una y otra vez a los católicos a lo largo de su desarrollo humano. Cuando seamos evangelizados, evangelizaremos a los demás.

¿CÓMO puedo hacerlo vida?

- *Describan a alguien que ayudó a iniciarlos en el catolicismo.*

- *Nombren algo "bueno" de nuestra cultura. ¿Cómo se podría mejorar eso en el servicio de Cristo?*

- *¿Qué puedo hacer para evangelizar mi parroquia?*

Llamados a edificar el Reino de Dios

La palabra "laico" describe el gran llamado de Dios a la fe y al servicio. Los laicos son los hijos adoptivos de Dios, hermanos y hermanas de Jesús, herederos de las riquezas de Dios, de la gracia y de la vida eterna, llamados a edificar el Reino de Dios aquí en la tierra.

Ser laico significa ser miembro del "sacerdocio de los fieles". A menudo, los cristianos laicos vacilan en usar la palabra sacerdotes cuando hablan de sí mismos. Sin embargo, eso es lo que son. "Pero ustedes son una raza elegida, un reino de sacerdotes, una nación consagrada, un pueblo que Dios hizo suyo para proclamar sus maravillas; pues Él los ha llamado de las tinieblas a su luz admirable" (1 Pedro 2:9).

En general, los católicos asocian el sacerdocio con quienes han sido ordenados por el Obispo, pero todas las personas que han recibido el bautismo forman parte de un pueblo sacerdotal. Cristo manda a sus fieles al mundo para transformar los valores de la sociedad en los valores del Reino de Dios, para ser ministros igual que Él fue ministro.

Antes de su pasión y muerte, Cristo rezó por todos sus discípulos, presentes y futuros. "Ellos no son del mundo, como tampoco yo soy del mundo. Conságralos mediante la verdad: tu palabra es verdad. Así como tú me has enviado al mundo, así yo también los envío al mundo" (Juan 17:16–18).

Cristo da a sus discípulos identidad propia como ciudadanos del cielo. Están unidos al Padre de la misma manera que el Hijo está unido al Padre y al Espíritu Santo en una unión perfecta.

El sacerdocio de los fieles está compuesto de personas casadas, solteras, célibes, religiosas, viudas y viudos. Cada cual aporta sus dones especiales y sus oportunidades de servir, de acuerdo a su propio estado de vida. Todas las personas deben tratar encarecidamente de desarrollar las cualidades y los talentos que han recibido de acuerdo con sus condiciones de vida.

Las personas casadas tienen la responsabilidad principal de ser señales vivientes del amor de Cristo por la Iglesia a través de su relación sacramental en el matrimonio. Por lo tanto, es importante que la preparación matrimonial haga hincapié tanto en los aspectos espirituales como en los emocionales, sociales, sexuales y económicos del matrimonio cristiano.

La vida de soltero, ya sea temporal o permanente, es una vocación especial en el sacerdocio de los fieles. Muchos solteros pueden tener tiempo para dedicarse a la pastoral de la juventud, de los ancianos o de los enfermos, para la evangelización, la educación religiosa o la administración de los programas de la parroquia. Una persona soltera que no ha prometido ser célibe, pero que actualmente vive una vida célibe, podría considerar la posibilidad de vivir en comunidad con otros solteros que se reúnen para orar, apoyarse entre sí y dar testimonio cristiano.

Los viudos tienen un lugar especial en la vida de la Iglesia debido a su habilidad de ayudar a otras personas que han pasado por situaciones de dolor o de pérdida. Quienes enviudaron siendo ya mayores ocupan un lugar privilegiado debido a su sabiduría y sus años de experiencia. Tienen oportunidad de servir a los enfermos, a los ancianos, a los que no pueden salir de sus casas, a las familias y a la juventud. También pueden asistir diariamente a Misa y a otras devociones.

Para los cristianos, el mundo entero está lleno de oportunidades para hacer la labor de Dios.

En casa. La mayor parte de los fieles del sacerdocio común reciben el llamado o la vocación a la vida matrimonial, por lo tanto, reciben también el llamado a la vida de familia. Su responsabilidad principal es para con su cónyuge y sus hijos; los demás servicios en la Iglesia ocupan un segundo lugar. "Los esposos cristianos son para sí mismos, para sus hijos y demás familiares, cooperadores de la gracia y testigos de la fe. Son para sus hijos los primeros predicadores y educadores de la fe; los forman con su palabra y ejemplo para la vida cristiana y apostólica" (Decreto sobre el apostolado de los laicos, #11).

En el trabajo. El trabajo ordinario cotidiano ofrece muchas oportunidades de glorificar a Dios y de dar testimonio de su amor. La manera en que los laicos cristianos cumplen con sus deberes cotidianos pueden ser un gran testimonio de la gracia de Dios. "… durante la peregrinación de esta vida, [los laicos] se entregan generosamente y por entero a dilatar el Reino de Dios, a informar y perfeccionar el orden de las cosas temporales con el espíritu cristiano" (Decreto sobre el apostolado de los laicos, #4).

Compartir a Cristo en el trabajo es un asunto

delicado, debido a que la caridad cristiana exige que respetemos las creencias de los demás. De ninguna manera debemos forzar a nadie a adoptar nuestras creencias. Cristo mismo invitó a las personas a creer en Él y dejó que el Espíritu se encargara de los demás. Sin embargo, habrá ocasiones en que tendremos que dar una explicación directa de la vida y la obra de Jesucristo.

En la Iglesia. Hay ciertos ministerios litúrgicos como el de los lectores y el de los ministros de la Eucaristía que son más visibles que otros. Eso no significa que son más importantes que el de visitar a la gente que no puede salir de casa, el de arreglar el salón parroquial para una actividad social o el de servir la comida o las bebidas. Dar la bienvenida a otros miembros de la parroquia cuando vienen a Misa, participar en las actividades educativas y participar en actividades de ayuda social, son otras maneras de conectarse con la parroquia y de construir el Reino de Dios.

Para los demás. Por último, podemos ejercer el sacerdocio de los fieles entre las amistades, los familiares y la comunidad, buscando las oportunidades de reconciliar y curar las heridas que existen entre la Iglesia y varios grupos y organizaciones. "El apostolado en el medio social, es decir, el afán por llenar de espíritu cristiano el pensamiento y las costumbres, las leyes y las estructuras de la comunidad en que uno vive, es hasta tal punto deber y carga de los seglares, que nunca podrá realizarse convenientemente por otros ministros" (Decreto sobre el apostolado de los laicos, #13).

El llamado a la edificación sacerdotal del Reino de Dios empieza con la fe, la cual no se reduce a la confianza en las promesas de Dios o en nuestras emociones. La fe es un don de Dios y una aceptación personal de la vida, la persona y las enseñanzas de Jesucristo como la Iglesia lo propone.

Los laicos no pueden ser efectivos si no se educan y renuevan constantemente su fe. Por ello la Iglesia anima a todos los adultos a continuar su formación espiritual, ese proceso por el cual Dios forma a una persona más y más a su imagen divina, como un alfarero convierte la arcilla en cosas bellas.

La formación espiritual debe llevarse a cabo en el contexto de una comunidad de creyentes, que generalmente es la parroquia local. La vida de la parroquia se centra en la Eucaristía y en la celebración de los demás sacramentos, al igual que en la predicación y la enseñanza. De esta manera se forma una base sólida para dar fuerza a la fe y para aumentar el conocimiento de las enseñanzas de Cristo.

Otro tipo de formación es la dirección espiritual con alguien que tenga más "experiencia" en los asuntos relacionados con la fe, ya sea un miembro del clero, de una comunidad religiosa o un laico.

Por último, la formación espiritual personal puede darse en la oración, en el estudio de las Escrituras y en la lectura de buenas obras espirituales de autores conocidos. Todo esto es importante para el crecimiento personal.

Si los laicos reconocieran su dignidad, su misión y su ministerio como miembros del sacerdocio de los fieles, la Iglesia podría ganar el mundo para Cristo.

¿CÓMO puedo hacerlo vida?

- *¿Cómo construyo el reino de Dios en mi vida?*

- *¿Cuáles son mis derechos como ciudadano del cielo? ¿Cuáles son mis responsabilidades?*

- *¿De qué manera soy indispensable para la Iglesia de Cristo?*

Concluya la sesión con el rezo del Suscipe, escrito por San Ignacio de Loyola:

Toma, Señor, mi libertad,
mi memoria, mi entendimiento
y mi voluntad.
Todo lo que poseo,
todo lo que tengo es tuyo,
porque tú me lo has dado y
a ti te lo devuelvo.
Haz conmigo lo que
quieras, Señor, y
sólo dame tu gracia y tu amor,
que es suficiente para mí. Amén.

MATERIAL COMPLEMENTARIO

Los Redentoristas. *Manual para el católico de hoy.* Libros Liguori.

Los Redentoristas. *Manual para la familia católica de hoy.* Libros Liguori.

Oración final: Dios bondadoso, te damos gracias por el don de tu Iglesia. Ayúdanos a vernos como miembros valiosos del cuerpo de Cristo, cada cual con los dones y talentos que aportamos a la comunidad de fe. Abre nuestros ojos a la belleza de tu obra en todas las personas y en todos los lugares, y danos la gracia de crecer en la fe y el amor. Amén.

La oración

¿QUIÉN? ¿Con quién debemos hablar como amigo y confidente cuando oramos?

¿QUÉ? ¿Qué cinco formas de oración son parte fundamental de la práctica católica?

¿CUÁNDO? ¿Cuándo es bueno rezar? ¿Cuándo está bien que no recemos?

¿DÓNDE? ¿Dónde encontramos la respuesta de Dios a nuestras oraciones?

¿POR QUÉ? ¿Por qué repiten los católicos ciertas oraciones tradicionales?

Canto de entrada: La sesión comienza con un canto litúrgico conocido.

Oración inicial: Dios Creador, nos has llamado a esta comunidad conocida como la Iglesia católica. Bendice nuestro trabajo durante la sesión de hoy, para que entendamos mejor quiénes somos y de dónde venimos como miembros de la Iglesia. Abre nuestra mente y nuestro corazón a tu palabra y a las palabras de los que nos hemos reunido hoy. Inspíranos con tu espíritu y guíanos en el camino de Jesucristo, nuestro Señor. Amén.

Lectura: Mateo 6:6–15

A continuación se tiene una reflexión en silencio durante algunos minutos.

Los católicos y la oración

A los católicos se les anima a rezar frecuentemente, no sólo cuando están en la iglesia sino en cualquier momento de su vida: en casa, caminando o en un lugar tranquilo. Se ha dicho que la oración es "perder el tiempo con Dios". Se parece un poco a la amistad. Si les preguntaran a algunos amigos por qué pasan tiempo juntos, probablemente responderían: "Nos gusta".

Lo mismo sucede con la oración. En su significado más profundo, la oración es nuestra relación con Dios. Santa Teresa de Avila dijo: "Orar, en mi opinión, no es más que un compartir íntimo entre amigos; significa que tomamos tiempo continuamente para estar a solas con Dios, quien nos ama".

Hablar con Dios puede ser como hablar con un amigo o un confidente. ¿De qué hablan con su mejor amigo o amiga? Es el tipo de cosas que podemos y debemos decir a Dios. Utilicen sus propias palabras para decirle sincera y honestamente lo que sienten. Pueden darle gracias, pueden alabarlo, pueden decirle que están arrepentidos, pueden contarle su vida. Algunas veces esto puede hasta incluir una queja.

Hay otro aspecto importante de la oración. También tenemos que escuchar a Dios. No oirás con los oídos pero "oirás" con el corazón. Las inspiraciones y el sentir la cercanía de Dios son algunas de las maneras en que Dios puede hablar contigo.

Hay cinco formas de oración que son parte de la práctica católica:

- *La oración de adoración.* Reconoce que somos parte de la santa creación de Dios y ensalza la grandeza de Dios, nuestro creador.

- *La oración de petición*. Reconoce que somos pecadores y pide el perdón de Dios.

- *La oración de intercesión*. Pide que Dios responda a las necesidades de los demás. Así actuamos como Jesús cuando habló con el Padre en sus oraciones.

- *La oración de agradecimiento.* Refleja nuestro gozo por los dones que Dios nos ha dado y responde al perdón que hemos recibido cuando nos apartamos de Dios.

- *La oración de alabanza.* Reconoce a Dios porque es Dios y celebra su divinidad, majestad y dominio sobre todo.

Algunas veces no sabemos qué decir en nuestras oraciones o nos cuesta trabajo mantenernos enfocados en Dios. En esas ocasiones pueden ayudarnos *las oraciones que hemos memorizado*. (Encontrarán algunas al final de esta sesión). Repetir una oración ayuda a concentrar nuestra atención en Dios y sirve para calmar la mente.

Las oraciones tradicionales nos ayudan mucho cuando no sabemos qué decir. Probablemente hemos dicho, "te amo", para mostrar nuestros sentimientos a quienes amamos. Millones de personas han usado las mismas palabras, porque a menudo esas palabras son la mejor manera de expresar un sentimiento. Los católicos repiten ciertas oraciones porque se han dado cuenta de que son la mejor manera de expresar ciertos sentimientos a Dios.

Repetir oraciones tiene otra ventaja. ¿Qué pasaría si juntáramos una orquesta pero todos los miembros tocaran una canción diferente? Cuando todos empiezan a tocar la misma canción, puede convertirse en una de las experiencias más hermosas. Lo mismo sucede con la oración. Cuando las personas se juntan y se dirigen a Dios con las mismas palabras, puede ser una expresión hermosa de nuestra unión como Iglesia y como hermanas y hermanos en Cristo.

La oración contemplativa es la oración mas profunda. Pueden empezar en este momento de su vida y dejar que Dios los lleve con el Espíritu a su propio corazón.

A continuación se enumeran las instrucciones básicas para un tipo de oración contemplativa:

Busquen un lugar solitario. Protéjanse de las interrupciones (cierren la puerta, apaguen su teléfono, etc.). Pónganse cómodos.

Comiencen pidiendo a Dios que los guíe y que bendiga su oración contemplativa.

Después presten atención a su respiración. La Biblia dice que Dios nos dio su propio aliento cuando nos creó (Ver Génesis 2:7). Es su vida y es santa. Siéntanse agradecidos por ella.

Después de relajarse, pueden repetir una palabra o la frase de una oración. Puede ser un nombre santo, como Jesús o María. Puede ser una cualidad, como el amor o la paz. Concéntrense en esta palabra y repítanla mentalmente.

Continúen tranquilizándose y al mismo tiempo, prestando más atención. Dios está presente en ese silencio.

Cuando los pensamientos los distraigan, no pierdan demasiado tiempo en ellos. Vuelvan a pensar en la palabra de su oración. Si pierden la concentración y se dan cuenta de que han estado pensando en otras cosas, no se preocupen. Simplemente, vuelvan a repetir la palabra de su oración.

No compliquen las cosas. Manténganse abiertos a Dios que les ama.

Al principio pueden comenzar estando quince o veinte minutos en oración contemplativa una o dos veces al día. Será bueno si la practican a la misma hora cada día. Con un poco de práctica empezarán a darse cuenta de que algo está pasando en su interior que quizá vaya más allá de lo ordinario. ¡Confíen! Dios empezará a obrar cuando se lo permitan.

La oración contemplativa los lleva de la actividad mental al corazón donde Dios habita. Sin importar cuán buenos sean sus pensamientos, vayan más allá de los mismos hacia la calma, que es un anticipio de la eternidad. Allí encontrarán a Dios. Un día, en el silencio de su corazón, se darán cuenta de algo relacionado con Dios. ¿Se preguntan qué será? Practiquen la contemplación y lo verán.

¿CÓMO puedo hacerlo vida?

- *¿Cómo hago mejor la oración? ¿Con mis propias palabras? ¿Con las oraciones tradicionales? ¿Con la Sagrada Escritura?*

- *¿Cuáles son algunos de los pensamientos que tengo al rezar?*

- *¿Cómo imagino a Dios cuando rezo? ¿Me veo en una relación íntima con Dios o en una más distante?*

Reviviendo su vida de oración

Algunas veces no queremos rezar. Algunas veces nos interesa más cualquier otra cosa excepto la oración. Es probable que a veces nos encante rezar, pero otras tantas no lo hacemos o, si lo hacemos, es por muy poco tiempo. La calidad de nuestras experiencias de oración no siempre va a ser la misma—podrán ser áridas y secas o como un manantial fresco y maravilloso. ¿Qué debemos hacer para que nuestra oración cobre vida? Aquí tienen unas opciones para mejorar la oración:

¡Invirtamos más, no menos!

Una manera de hacer que la oración se convierta en algo más interesante es entregarnos a ella de nuevo, dedicándole más energía que antes. Podemos prestar más atención cuando oramos. Podemos hablar a Dios de una manera más íntima y decirle todo lo que sentimos y pensamos. Podemos hacer de la oración un proyecto continuo. Eso significa que incluimos la oración en todas nuestras actividades—mientras cortamos el césped, mientras hacemos ejercicio o cuando hablamos con los niños.

¡Recemos sólo cuando queremos hacerlo!

Es verdad que la disciplina y el deber se relacionan con la oración, pero cuando estamos tratando de que nuestra oración cobre vida, es bueno que nos demos cuenta de cuándo tenemos deseos de rezar y que lo hagamos en ese momento. Si pedimos a Dios que nos enseñe a gozar de la oración, el Espíritu nos concederá el deseo de orar. Si prestamos atención a ese deseo y lo hacemos realidad al orar, aunque sólo sea por unos momentos, nos acercaremos más y más a Dios.

Practiquemos la lectura espiritual con regularidad.

Algunas veces la oración es algo parecido a intentar comunicarnos con un extraño. El estudio de las Escrituras convierte ese "extraño" en un conocido, después en un amigo y, por último, en un amado. A menudo las palabras de la Biblia cobran vida de repente y experimentamos la unión con el Creador. No sólo obtenemos un mayor entendimiento, sino también una mayor conciencia de la presencia de Dios. En ese momento, estamos en oración.

¡Recemos espontáneamente!

Esto significa que pensamos en Dios o que le hablamos sin prepararnos de antemano, al igual que hacemos cuando hablamos con otra persona. Preguntar: "Dios, ¿qué quieres que ocurra?" es muy diferente a decir: "Me pregunto ¿qué pensaría Dios de esto?". En la oración espontánea, le hablamos a Dios en cualquier momento o lugar y hasta sin motivo. Cuando logramos el hábito de hablar "con Dios", en lugar de hablar "acerca de Dios", la oración comienza a filtrarse en todos los aspectos de la vida y deja de ser algo que se reserva sólo para ciertos momentos o lugares.

¡Prestemos atención a las respuestas de Dios!

Dios no necesariamente se comunica con nosotros de la manera que esperamos. Debemos estar abiertos y atentos. Examinemos los sucesos de nuestra vida. ¿Está escondida allí la respuesta de Dios? Tratemos de descubrir algunos consejos cuando conversamos o leemos. Quizá una oración llamará la atención muy claramente a nuestro corazón. Es probable que intuyamos que algo está cambiando, dentro de nosotros o en nuestras circunstancias. Cuando creemos que hemos "oído" la respuesta de Dios, podemos actuar de acuerdo a la misma.

Tratemos de orar de una manera diferente.

Recemos sólo con el cuerpo. La ventaja de orar con el cuerpo es que no se usan palabras y puede abarcar muchos otros aspectos humanos. Podemos empezar haciendo únicamente gestos de oración con las manos, añadiendo después los brazos, la cabeza y, poco a poco, el resto del cuerpo. Examinemos nuestro interior, pongámonos en contacto con los sentimientos que queremos expresar a Dios. Entonces, dejemos que el cuerpo se mueva como quiera y ofrezcámos a Dios ese movimiento.

Cantemos nuestra oración. Podemos cantar al Señor, canciones que conocemos o que nos gustan. O podemos cantar algo espontáneo, usando nuestras propias palabras y melodía. A Dios no le importa si cantamos bien. Lo que le importa es nuestro corazón. Si cantar a Dios da vida al corazón, ¡cantémosle!

Escribamos nuestra oración. Muchas personas hoy día rezan llevando algún tipo de diario. Es una bella manera de expresar a Dios lo que piensan y lo que sienten. También podemos compartir el diario con nuestros amigos, con grupos de oración o con la familia. Si escribir las oraciones le da más vida a nuestra oración, ¡empecemos un diario!

Imaginemos nuestra oración. San Ignacio de Loyola basa gran parte de su enseñanza de la vida espiritual en imágenes. Ignacio recomienda que se lea un pasaje de las Escrituras despacio, especialmente las historias acerca de Jesús, y que imaginemos que estamos presentes en ella. Dejemos que la historia se desarrolle estando Jesús y nosotros presentes.

Recemos leyendo el periódico. Recemos por y acerca de las personas y los acontecimientos que leemos en el periódico, dando gracias por lo bueno y pidiendo ayuda para las personas que sufren. Este tipo de oración conecta el mundo con Dios y nos permite que seamos compasivos con los gozos y los sufrimientos de la familia humana por todo el mundo.

Ofrezcamos nuestra vida en oración. Podemos ofrecer nuestros pensamientos, palabras y acciones—lo esencial de nuestro ser—no sólo en momentos especiales de oración sino miles de veces al día en todo lo que hacemos. Pronto estaremos viviendo en presencia de Dios la mayor parte del tiempo y ofreciéndonos a Dios sin titubeos.

Recemos expresando nuestra gratitud. El hermano David Steindl-Rast, O.S.B., hace de la gratitud el centro de su oración y de su vida. Él dice que da gracias a Dios cada noche, por lo menos por una cosa que nunca antes le ha agradecido. Cuando cultivamos un corazón agradecido, no sólo la oración, sino todos los aspectos de la vida se colmarán de asombro y de alabanza.

Cultivemos la admiración por las cosas de Dios. Empecemos con algo sencillo, como una flor o algo que nos guste, como alguna canción o el sol. Guardemos silencio por un rato. Entonces admiremos lo que sea, exploremos lo maravilloso que es, gocemos de su belleza. Tratemos de hacer esto una vez al día. Examinemos los sucesos ordinarios de la vida y cobremos conciencia de los mismos. Disfrutemos lo precioso de cada experiencia y de cada persona.

Recemos con la naturaleza. La naturaleza hace que profundicemos más en nosotros sin importar donde estemos. Busquemos un lugar donde podamos apreciar y disfrutar el verdor del campo, el azul del cielo, el olor del mar o de las flores en pleno florecer—cualquier aspecto de la naturaleza que nos llene de paz y asombro ante la magnificencia y belleza de la creación de Dios.

Si queremos tener una relación con Dios llena de vida, intensa y que nos ofrezca apoyo, entonces la oración es la manera más directa de conseguirla. Si ansiamos comunicarnos con Dios, la oración es la manera de hacerlo, sin importar el tipo que sea.

¿CÓMO puedo hacerlo vida?

- *¿Cómo me siento en cuanto a mi vida de oración?*
- *¿Qué pasos puedo dar para cambiarla, ya sea para mejorar mi relación con Dios o avivar mi manera de rezar?*
- *Describan alguna ocasión en que Dios haya respondido a su oración de una manera que no era obvia.*

El Padrenuestro: el regalo que Jesús nos dio

Padre nuestro, que estás en el cielo
Santificado sea tu Nombre;
Venga a nosotros tu reino;
Hágase tu voluntad
En la tierra como en el cielo.
Danos hoy nuestro pan de cada día;
perdona nuestras ofensas como también nosotros
perdonamos a los que nos ofenden;
no nos dejes caer en la tentación,
y líbranos del mal. Amén.

El Padrenuestro da muchas oportunidades a los cristianos para la reflexión y el crecimiento espiritual. Tertuliano, uno de los padres de la primera Iglesia, dice que el Padrenuestro es el resumen completo de las enseñanzas de los evangelios.

De acuerdo con las enseñanzas de Jesús, lo más importante es la actitud. "Cuando ustedes recen, no imiten a los que dan espectáculo; les gusta orar de pie en las sinagogas y en las esquinas de las plazas, para que la gente los vea. Yo se lo digo: ellos han recibido ya su premio. Pero tú, cuando reces, entra en tu pieza, cierra la puerta y ora a tu Padre que está allí, a solas contigo. Y tu Padre, que ve en lo secreto, te premiará" (Mateo 6:5–6).

Recen el Padrenuestro despacio, haciendo una pausa después de cada frase. Dejen que cada palabra llegue a su interior. Repitan una frase o línea de la oración mientras respiran. Al hacerlo, imaginen que el amor de Dios llega a lo más profundo de su alma.

Padre nuestro, que estás en el cielo...

Jesús habló de Dios como "Abba". Cuando Jesús se dirigió a su Padre usando esta palabra, básicamente le decía "Papi". Al invitarnos a que llamemos "Abba" a Dios, Jesús nos revela que nosotros también tenemos una relación especial con Dios porque somos sus hijos.

Los salmos nos dicen por qué debemos alabar a Dios. Dios es "ternura y compasión" y "está cerca...de los que le invocan" (145). Dios "proporciona su pan a los hambrientos" (146), "sana los corazones destrozados y venda sus heridas" (147).

Imaginen a Dios, como un padre amoroso, que los abraza y les dice que los ama. Como un hijo o una hija descansa en los brazos de su padre o su madre, relájense en los brazos de Dios.

Santificado sea tu nombre; venga tu reino...

Jesús nos ha dado a cada uno de nosotros una misión para el Reino de Dios: "Vayan por todo el mundo y anuncien la Buena Nueva a toda la creación" (Marcos 16:15).

¿Qué talentos específicos les invita Jesús a emplear en la edificación del reino de Dios? ¿Cuál es su misión específica? Pasen unos minutos compartiendo con Jesús la respuesta a su invitación. Decidan los pasos que van a dar para ser más cristianos. Recen para tener el valor de dar el primer paso.

Hágase tu voluntad en la tierra como en el cielo.

Creemos que Jesús vino a revelar la profundidad del amor incondicional de Dios. Dios desea que no pongamos ningún obstáculo a la realidad de su amor. Todas las alegrías, sufrimientos y fracasos son como un tapiz magnífico en el que cada hilo está conectado y forma la totalidad de la obra.

¿Qué cambios necesitan hacer en su vida para cumplir la voluntad de Dios? ¿Cuáles son los obstáculos que hacen que no cumplan la voluntad de Dios? Dialoguen unos minutos con Dios sobre estas cuestiones.

Danos hoy nuestro pan de cada día.

De acuerdo con algunos expertos de la Biblia, en esta frase Jesús parece llamarnos a confiar en la Divina Providencia para cubrir nuestras necesidades.

Pasen unos minutos rezando oraciones de intercesión, que es el tipo de oración mediante el cual piden a Dios que les dé alegría, paz, amor o cualquiera otra cosa que ustedes u otra persona necesiten para edificar su Reino. Una manera de hacer esto es imaginar a Cristo que tiene a cada persona y cada intención en su corazón. Mientras rezan, presenten las necesidades del mundo, de la nación y de la Iglesia, así como las suyas. Jesús está presente en el mundo por medio de nuestra disponibilidad a los hermanos y hermanas.

Perdona nuestras ofensas como también nosotros perdonamos a los que nos ofenden.

Para poder recibir el perdón de Dios, los cristianos deben estar dispuestos a perdonar las ofensas de los demás. Algunas veces el perdón es un proceso que comienza con la decisión de querer perdonar. Puede pasar bastante tiempo antes de que ocurra una sanación profunda. Tengan paciencia con el proceso y continúen confiando en que van a poder perdonar, porque tienen en su interior el amor de Dios que perdona.

Si les es difícil perdonar a una persona, sigan esta sugerencia. Dense un momento para relajarse y calmarse. Pídan a Dios que elimine cualquier obstáculo que les impida perdonar a otra persona. Tomen el tiempo que sea necesario para ponerse en contacto con los sentimientos que se interpongan en su camino. Imaginen a Dios como una luz brillante emanando calor, perdón y amor a su corazón. Imaginen que la luz aumenta poco a poco, rodeando con perdón y amor a la persona que necesitan perdonar.

No nos dejes caer en la tentación, y líbranos del mal.

Para nosotros es fácil perdernos, fallar, ser débiles. Cuando estamos vacíos, conscientes de nuestros pecados, de nuestras debilidades y de nuestras fallas, Dios puede sanarnos, liberarnos y llenarnos.

La paz que Jesús ofrece a sus seguidores es su propia paz, la cual proviene de su comunión íntima con el Padre, Abba. La paz que Jesús nos da no nos abandona en los momentos difíciles de la pobreza, del sufrimiento, de la opresión, la tentación o la enfermedad. Jesús nos lleva, elevándonos a los brazos de nuestro Abba. Allí encontramos un amor que va más allá de nuestra comprensión, ayudándonos en medio de las tinieblas y los malentendidos, los temores y las debilidades humanas.

Piensen en aquellos momentos cuando Jesús les ayudó. Compartan con Jesús lo que piensan y lo que sienten al recordar esos momentos. Ahora, imaginen el amor de Dios que se adelanta y va hacia una experiencia futura, llenando ese momento con luz, sanación, valor, alegría, paz y amor. Recuerden que Jesús siempre va a estar allí para ayudarles.

¿CÓMO puedo hacerlo vida?

- *¿Cómo puedo hacer a Jesús presente en el mundo para los demás?*

- *¿Qué preocupaciones me impiden buscar el reino de Dios? Compártanlas con Dios y pídanle que los ilumine para que busquen su reino.*

- *¿Cómo se me invita a confiar en Dios en estos momentos de mi vida? ¿El Padrenuestro me ofrece algo nuevo en esa confianza?*

Las oraciones tradicionales de los católicos

El Padrenuestro es una de las cinco oraciones básicas que la gente reza fuera de la liturgia. Estas cinco fórmulas de oración se usan solas o en combinación en muchas celebraciones católicas.

La Señal de la cruz

En el nombre del Padre
y del Hijo
y del Espíritu Santo. Amén.

Esta oración data del siglo II, cuando los cristianos hacían la señal de la cruz en la frente con el dedo pulgar para poder reconocerse unos a otros durante las épocas de persecución. Se hace llevando la mano derecha a la frente, al pecho, al hombro izquierdo y después al derecho. La Señal de la cruz se acompaña con palabras que honran a la Trinidad. Es la manera tradicional que los católicos tenemos para empezar y terminar nuestras oraciones.

El Ave María

Dios te salve María; llena eres de gracia,
El Señor es contigo.
Bendita tú eres entre todas las mujeres
y bendito es el fruto
de tu vientre, Jesús.
Santa María, Madre de Dios,
ruega por nosotros los pecadores
ahora y en la hora
de nuestra muerte. Amén.

El Ave María empieza con dos versículos bíblicos, transcripción de las palabras del Arcángel Gabriel: "¡Alégrate, llena de gracia, el Señor está contigo! (Lucas 1:28…); y las palabras de su prima Isabel en Lucas 1:42: "¡Bendita tú eres entre las mujeres y bendito el fruto de tu vientre!" Concluye con una petición por la intercesión que reconoce a María como la Madre de nuestro Salvador.

De los textos de oraciones de los primeros siglos, el Ave María se convirtió poco a poco en una oración popular para fines del siglo XII y su recitación se estimuló y animó oficialmente.

La Oración de alabanza (la doxología)

Gloria al Padre, y al Hijo, y al Espíritu Santo;
como era en el principio, ahora y siempre,
por los siglos de los siglos. Amén.

Una doxología es una oración de alabanza y agradecimiento a Dios. Esta doxología tradicional católica es lo que se conoce como el Gloria al Padre. La Gran Doxología católica es el Gloria que se reza en la Misa.

El Credo de los Apóstoles

Creo en Dios, Padre todopoderoso,
Creador del cielo y de la tierra.
Y en Jesucristo, su único Hijo, nuestro Señor;
que fue concebido por obra
y gracia del Espíritu Santo.
Nació de Santa María Virgen;
padeció, bajo el poder de Poncio Pilato.
Fue crucificado, muerto y sepultado.
Descendió a los infiernos.
Al tercer día resucitó de entre los muertos,
subió a los cielos y está sentado a la derecha
del Padre; desde allí ha de venir a juzgar a vivos y
muertos y su Reino no tendrá fin.
Creo en el Espíritu Santo, en la Santa Iglesia católica,
la comunión de los santos, el perdón de los pecados,
la resurrección de la carne y la vida eterna. Amén.

El Credo de los Apóstoles fue una variación de un antiguo credo romano. En el período de la Reforma, Martín Lutero, Calvino y Zwinglio lo reconocieron como una declaración básica de las creencias cristianas. Se cree que este credo y no el más detallado y preciso Credo de Nicea utilizado en la liturgia romana, podría ser un instrumento de unidad en la Iglesia.

El Rosario

El rosario es una meditación de los eventos de la vida de Jesús y María. El rosario usa la Señal de la cruz, el Credo de los Apóstoles, el Padre Nuestro, el Ave María y el Gloria como su estructura. Para los momentos cuando queremos rezar, pero se nos hace muy difícil o casi imposible decir algo, el rosario ayuda muchísimo.

A muchas personas les gusta rezar el rosario mientras reflexionan un grupo de misterios que resaltan un aspecto de la vida de Jesús y María.

En la sección que sigue, encontrarán los cuatro grupos de misterios más conocidos. Hemos incluido versos de la Biblia que se relacionan con los misterios.

¿CÓMO REZAR EL ROSARIO?

1. Haz la Señal de la cruz y reza el Credo de los Apóstoles.
2. Reza el Padre Nuestro.
3. Reza tres Ave Marías.
4. Reza el Gloria al Padre; anuncia el primer misterio.
5. Reza el Padre Nuestro.
6. Reza diez Ave Marías al meditar sobre el misterio.
7. Reza el Gloria al Padre; anuncia el segundo misterio.
8. Reza el Padre Nuestro.
9. Repite los pasos 6, 7 y 8, continuando con las cinco decenas, cada grupo de diez cuentas.

Los Misterios Gozosos

La encarnación del Hijo de Dios "Concebirás en tu seno y darás a luz un hijo, al que pondrás el nombre de Jesús" (Lucas 1:31).

La visitación de María Santísima "Por entonces María tomó su decisión y se fue, sin más demora, a una ciudad ubicada en los cerros de Judá. Entró en la casa de Zacarías y saludó a Isabel" (Lucas 1:39–40).

El nacimiento de nuestro Señor Jesucristo "Y dio a luz a su hijo primogénito. Lo envolvió en pañales y lo acostó en un pesebre" (Lucas 2:7).

La presentación del Niño Jesús en el Templo "Asimismo, cuando llegó el día en que, de acuerdo con la Ley de Moisés, debían cumplir el rito de la purificación, llevaron al niño a Jerusalén para presentarlo al Señor" (Lucas 2:22).

El Niño Jesús, perdido y hallado en el Templo "Al tercer día lo hallaron en el Templo, sentado en medio de los maestros de la Ley, escuchándolos y haciéndoles preguntas" (Lucas 2:46).

Los Misterios Dolorosos

La oración de Jesús en el huerto de Getsemaní "Llegó Jesús con ellos a un lugar llamado Getsemaní" (Mateo 26:36).

La flagelación de nuestro Señor Jesucristo "Luego comenzaron a escupirle en la cara y a darle bofetadas, mientras otros lo golpeaban diciéndole: 'Mesías, ¡adivina quién te pegó!'" (Mateo 26:67–68).

La coronación de espinas "Después le colocaron en la cabeza una corona que habían trenzado con espinos y en la mano derecha le pusieron una caña" (Mateo 27:29).

Jesús con la cruz a cuestas "Entonces Pilato les entregó a Jesús para que lo crucificaran. Así fue como se llevaron a Jesús. Cargando con su propia cruz, salió de la ciudad hacia el lugar llamado Calvario" (Juan 19:16–17).

La crucifixión y muerte del Redentor "...y Jesús gritó muy fuerte: 'Padre, en tus manos encomiendo mi espíritu.' Y dichas estas palabras, expiró" (Lucas 23:46).

Los Misterios Gloriosos

La Resurrección de nuestro Señor Jesucristo "Resucitó; no está aquí" (Marcos 16:6).

La Ascensión de Jesucristo a los cielos "Después de hablarles, el Señor Jesús fue llevado al cielo y se sentó a la derecha de Dios" (Marcos 16:19).

La venida del Espíritu Santo sobre los apóstoles "Todos quedaron llenos del Espíritu Santo" (Hechos 2:4).

La Asunción de la Santísima Virgen María en cuerpo y alma a los cielos "¡Qué obra más grande ha sido la de tus manos, y qué beneficiosa resultó para Israel! Dios ha mirado con buenos ojos todo lo que hiciste" (Judit 15:10).

La coronación de María Santísima como Reina y Señora de cielos y tierra "Apareció en el cielo una señal grandiosa: una mujer, vestida del sol, con la luna bajo sus pies y una corona de doce estrellas sobre su cabeza" (Apocalipsis 12:1).

Los Misterios Luminosos

El bautismo de Jesús "En ese momento se abrieron los cielos y vio al Espíritu de Dios que bajaba como una paloma y se posaba sobre él" (Mateo 3:16).

La autorrevelación de Jesús en Caná "Sucedió que se terminó el vino preparado para la boda, y se quedaron sin vino. Entonces la madre de Jesús le dijo: 'No tienen vino.' Jesús le respondió: '¿Qué quieres de mí, Mujer? Aún no ha llegado mi hora.' Pero su madre dijo a los sirvientes: 'Hagan lo que él les diga'" (Juan 2:3,5).

La promesa del Reino "Desde entonces Jesús empezó a proclamar este mensaje: 'Renuncien a su mal camino, porque el Reino de los Cielos está ahora cerca'" (Mateo 4:17).

La Transfiguración "Y mientras estaba orando, su cara cambió de aspecto y su ropa se volvió de una blancura fulgurante. Pero de la nube llegó una voz que decía: 'Este es mi Hijo, mi Elegido; escúchenlo'" (Lucas 9:29,35).

La institución de la Sagrada Eucaristía "Durante la comida Jesús tomó pan, y después de pronunciar la bendición, lo partió y se lo dio diciendo: 'Tomen, esto es mi cuerpo'" (Marcos 14:22).

¿CÓMO puedo hacerlo vida?

- *¿Cómo me pueden ayudar las formas diferentes de rezar en el crecimiento de mi fe y en mi práctica espiritual?*

- *¿Qué otras oraciones considero importantes? Busquen otras oraciones católicas que puedan añadir a sus oraciones.*

Concluya la sesión con el rezo del Padrenuestro:

Padre nuestro,
que estás en el cielo
Santificado sea tu Nombre;
Venga a nosotros tu reino;
Hágase tu voluntad
En la tierra como en el cielo.
Danos hoy nuestro pan de cada día;
perdona nuestras ofensas
como también nosotros perdonamos
a los que nos ofenden;
no nos dejes caer en la tentación,
y líbranos del mal.
Amén.

MATERIAL COMPLEMENTARIO

Los Redentoristas. *Oraciones católicos para todos los días.* Libros Liguori.

Los Redentoristas. *Cómo rezar el rosario.* Libros Liguori.

Papandrea, James L. *Rezar (no sólo repetir) el Padre Nuestro.* Libros Liguori.

Zagano, Phyllis. *Acerca de la oración: Una carta a mi ahijada.* Libros Liguori

Oración final: Dios bondadoso, te damos gracias por el don de tu Iglesia. Ayúdanos a vernos como miembros valiosos del cuerpo de Cristo, cada cual con los dones y talentos que aportamos a la comunidad de fe. Abre nuestros ojos a la belleza de tu obra en todas las personas y en todos los lugares, y danos la gracia de crecer en la fe y el amor. Amén.